www.lenos.ch

Hilde Ziegler

Während der Verlobung wirft einer einen Hering an die Decke

198 Erinnerungen eines Kindes

Lenos Verlag

Die Autorin
Hilde Ziegler wurde 1939 in Lörrach geboren und wuchs in Weil am Rhein auf. Die Schauspielerin lebte während vieler Jahre im südlichen Elsass. 1999 schied sie freiwillig aus dem Leben. Im Lenos Verlag erschienen ihre Bücher *Guten Morgen, Goethe Nacht* und *Ich wusste, wohin die Reise geht.*

Sonderausgabe 2014

Satz und Gestaltung: Lenos Verlag, Basel
Umschlag: Anne Hoffmann Graphic Design, Zürich
Printed in Germany

ISBN 978 3 85787 448 2

Für Jan und seinen Vater

Wenn ich die Hand hochhalte und den Daumen verstecke, wissen alle, wie alt ich bin.
Meine Mutter sagt, bald müsse ich den Daumen nicht mehr verstecken.

Frau Glück sagt: je nachdem, wie der Wind weht, hört man die Glocken von Basel oder die Schüsse im Elsass.

Ich frage meinen Bruder: weisch du, was Chrieg isch? Er sagt: das sinn über hunderttausig Kanone. Für dr Feind. Ich frage: was isch dr Feind? Er sagt: dr andr.

Meine Mutter fragt auf hochdeutsch: was bist du mein?
Ich antworte auf hochdeutsch: deine holde Prinzessin.

Wir singen: wie die Blümlein draussen zittern. Bei dem Wort zittern zittert mein Bruder.

Meine Mutter spielt Klavier. Ich stehe hinter ihr auf einem Stuhl und kämme ihre Haare.

Wenn es dunkel wird, wird es gemütlich. Die Fensterläden werden geschlossen, die Vorhänge zugezogen. Wegen Verdunklungsgefahr, sagt mein Bruder. Wir dürfen kein Licht machen, sonst sieht uns der Feind. Aber wir machen trotzdem Licht. Ganz hinten, neben dem Kanapee. Und sitzen eng aneinandergeschmiegt, jeder auf einer Bettflasche. Die Mutter in der Mitte. Und können die Bilder im Bilderbuch gut sehen. Und der Feind sieht uns nicht.

Mein Bruder und ich liegen im Bett, die Mutter sitzt auf dem Bettrand und sagt: un jetz wämmer no bätte. Au für dr Papa. Und wir beten: wo ich gehe, wo ich stehe, ist der liebe Gott bei mir, wenn ich ihn auch niemals sehe, weiss ich doch, er ist bei mir. Amen. Un liebe Gott, bisch so guet un mach, dass dr Papa kei Hunger hett un keini Schmärze un ball wieder gsund heim chunnt. Un bisch so guet un mach, dass dr Karli ball wieder heim chunnt un dr Herr Conrads un dr Herr Lessing un dr Götti Ernst un dr Herr Hoffer un dr Rolfi un dr Herr Kirchner un dr Kurt un dr Herr Deuringer un dr Onkel Martin un dr Dölfi. Amen.

Wenn man auf den Tüllinger spaziert, kann man Basel sehen. Und Basel sei das Paradies, sagen sie.

Meine Mutter sagt: morn göhmer zuem Fotograf un löhn is für dr Papa fotigrafiere, wär weiss, wenn er wieder heim chunnt.
Als wir am nächsten Morgen bei Fotograf Schmude klingeln, öffnet seine Frau und sagt: Sie sind zu früh, mein Mann schläft noch. Aber kommen Sie und warten Sie hier.
Wir warten im Flur und schauen die verschiedenen Fotografien an, die an den Wänden hängen. Meine Mutter deutet auf ein Bild: ah, do hängt jo d'Frau Linder. Und do Herr un Frau Bürgin.
Sie nimmt einen Kamm aus der Tasche und sagt: chömmet, i will ech nonemol schön strehle.
Nach einiger Zeit kommt Herr Schmude und brummt: also kommen Sie. Er geht voran in ein Zimmer und reisst die Vorhänge zu. Einem Stuhl, der ihm im Wege steht, gibt er einen Fusstritt.
Setzen Sie sich auf den Sessel, sagt er zur Mutter. Die Kinder links und rechts.

Wir tun, was er sagt, Herr Schmude verschwindet hinter dem grossen Fotoapparat und wirft sich ein schwarzes Tuch über den Kopf. Licht, brüllt er, Frau Schmude huscht herein und schaltet eine grosse Lampe an. Herr Schmude kommt unter dem schwarzen Tuch hervor und sagt zu meinem Bruder und mir: Ihr müsst die Köpfe schräg halten. So. Und drückt sie uns auf die Schultern der Mutter. Wieder verschwindet er unter dem schwarzen Tuch und schreit: lachen.

Ich fange an zu weinen, meine Mutter steht auf und sagt: also so geht das ja nicht, Herr Schmude. Sie vergelstern mir die Kinder. Chömmet, das hett kei Wärt.

Herr Schmude rennt aus dem Zimmer und ruft: bitte, wie Sie wollen.

Wir verlassen das Haus, und meine Mutter sagt: mr göhn lieber zuem Trefzger uff Lörrach. Das isch kei so Spinner.

Meine Mutter hat ein weisses Kleid an. Ich sage: so schön wie du isch niemer uff dr ganze Wält, gäll Mama. Sie sagt: doch, du.

Wir gehen mit Frau Frank spazieren. Hinter dem Friedhof setzen wir uns unter einen Baum und trinken Pfefferminztee. Während Frau Frank aus der Flasche trinkt, sehe ich unter ihrem Arm schwarze Haare, an denen ein Tropfen hängt.

Wir sitzen bei Herrn und Frau Funk in der Küche, meine Mutter ist aufgeregt, geht hin und her, sagt immer wieder: i cha's nit fasse, i cha's nit fasse. Herr Funk sagt, man dürfe die Nazis halt nicht reizen, das hätte er wissen müssen. Meine Mutter fängt an zu weinen und sagt: aber er isch doch erscht 17 gsi. E Chind. E Chind verschiesse im Steibruch am Morge am fümfi. E Chind. Sie hält die Hände vors Gesicht und hört nicht auf zu weinen. Herr Funk sagt: pscht, nämme Sie sich doch zämme, Chrieg isch Chrieg.

Ich fange auch an zu weinen. Ich habe Angst.

Ein Nazi. Was ist das? Einer aus dem Schwarzwald oder ein Feind? Mein Bruder sagt: ich bi Nazi, du bisch Nazi, mir sinn alles Nazi. Das isch e ander Wort für Dütschland.

Meine Mutter sagt: ball chunnt dr Papa uff Urlaub. Was ist das? Eine Uhr auf Laub? Im Wald? Oder im Garten? Unter den Apfelbäumen?

Frau Linder spricht aufgeregt mit meiner Mutter und fuchtelt mit den Händen. Sie spricht vom Fiehrer, und ich denke an den Fünfer, den mir Anneli geschenkt hat.

Mein Bruder und ich gehen in die Kinderschule. Unterwegs treffen wir Frau Sutter. Sie fragt: wo göhn dr ane, dir liebe Chinder? Wir sagen: in d'Chinderschuel. Und fangen an zu rennen und rufen: du alti Häx.

Während des Kindergottesdienstes denke ich: wie mag es wohl dort hinten aussehen, hinter dem Altar in der Sakristei? Sakristei. Was ist das? Ein Sack und ein Stein? E Stei? E Schüttstei? Wo sich der Pfarrer wäscht?

Altar und Talar verwechsle ich immer. Mein Vater sagt, das sei gehopst wie gesprungen.

Ein unrasierter Mann kommt. Er umarmt meine Mutter und meinen Bruder. Mich hebt er in die Höhe und will mir einen Kuss geben. Aber ich will nicht. Gib im Papa e Kuss, sagt meine Mutter. Ich fange an zu weinen und sage: das isch nit dr Papa. Dr Papa isch im Chrieg.

Lotti Kramer hilft im Haushalt. Das ist Vorschrift und heisst Pflichtjahr. Sie macht Kartoffelsalat und knetet ihn mit den Händen. Zwischen ihren Fäusten quillt ein gelber Brei heraus. Ich sage: vo däm iss ich nüt. Sie sagt: no losch's halt bliibe, du Rotznase.

Ich freue mich. Ich darf mit Anneli aufs Feld. Ich sitze neben ihm auf dem Wagen und darf die Peitsche halten. Die Kuh heisst Greti und weiss den Weg allein. Onkel August hat den Roggen schon gemäht, und Anneli muss Garben binden. Aus drei Garben baut es mir ein Häuschen, und ich lege mich hinein. Das Häuschen riecht gut. Plötzlich bin ich wieder in der Scheune. Anneli spannt ab und sagt: jetz hesch aber lang gschloofe.

Der Mann, von dem sie sagen, er sei der Papa, geht wieder fort. Ich bin froh. Jetzt können wir wieder bei der Mama schlafen.

Am Ende des Kindergottesdienstes betet der Pfarrer für die Brüder, die im Feld stehen. Ich sehe vor mir ein Roggen- oder Weizenfeld und denke: warum stehen die Brüder im Feld? Warum gehen sie nicht weiter?

Jetz liege sie vor Stalingrad, das chamme sich nit vorstelle, das Eländ, sagt Frau Glück. Ich verstehe nicht, was die Leute vom Krieg erzählen. Ein grosses Elend sei er. Und doch liegen und stehen immer alle herum. Das ist doch kein Elend.

Frau Linder sagt: dr Russ muess me ussrotte, vernichte. Un zwar mit Stumpf un Stiel. Gestern sagte sie: dr Härdöpfelchäfer muess me ussrotte, vernichte. Un zwar mit Stumpf un Stiel.

Meine Mutter sagt: mr müen ab, mr wärde evakuiert.
Ich weiss nicht, was evakuiert ist, und gehe hinunter zu Nelly, um ihr zu sagen, dass wir evakuiert werden.

Wir sitzen im Tunnel. Auf der Flucht nach Säckingen. Der Tunnel ist voll von Menschen, zwischen den Schienen brennt ein Feuer. Meine Mutter sagt: das halt ich nit us, wenn's häll wird, göhmer wieder heim. Im Tunnel wird es nie hell, denke ich. Aber ich sage nichts. Sonst wird die Mutter noch trauriger.

Wir stehen, zusammengedrängt mit vielen anderen Leuten, auf einem fahrenden Lastwagen. Es heisst, wir fahren jetzt in Sicherheit. Eine Frau, die ich nicht kenne, hält mich zwischen ihren Knien fest. Ich will nicht, dass sie mich festhält, sie riecht nicht gut um ihre Beine herum und schreit, indem sie mir den Kopf noch tiefer zwischen ihre Beine drückt, es kämen Tiefflieger. Meine Mutter, die mit dem Bruder weiter vorne steht und sich am Rand des Lastwagens festhält, ruft, sie solle mir keine Angst machen, es kämen keine Tiefflieger. Die Frau lässt mich los, stösst mich weg und schreit: dann lecken Sie mich doch am Arsch, wenn Sie alles besser wissen. Ich krieche zwischen den Leuten hindurch zu meiner Mutter. Ich glaube, jetzt bin ich evakuiert.

Wir sind in Marzell bei Elsi in der Stube. Elsi sitzt auf dem Sofa, Lisbeth und Paula am Tisch, meine Mutter steht am Fenster. Alle weinen. Worum hüle sie, frage ich meinen Bruder. Er flüstert: dr Fritzi isch gfalle. Und ich denke: wenn ich falle, sagen sie, ich solle aufstehen, und wenn der Fritzi fällt, weinen sie.

Hermann Fürst stottert. Er sagt, während er in den Kinderwagen schaut, in dem mein Cousin liegt: dä isch ra-ra-rasserein.

Sie sagen: in zwee, drei Daag isch dr Franzos do.
Ich verstehe nicht, warum alle vor einem einzigen Mann solche Angst haben.

In Marzell riecht es gut. Im Wald nach Wald, am Bach nach Wasser, in der Stube nach Holz, in der Küche nach Milch und Seife, in der Scheune nach Heu, in Elsis Zimmer nach Lavendel. Mein Bruder sagt: un trotzdäm stinkt's mr langsam. I möcht wieder heim.

Tante Miggi schenkt mir ein Nähkästchen aus Holz. Auf der Innenseite des Deckels ist ein Spiegel angebracht. Ich schaue hinein. Tante Miggi sagt: aber nit, dass de eitel wirsch. Ich frage: was isch das, eitel? Sie sagt: das verstohsch du nonig. Bisch no z'chlei.

Wir sind wieder daheim. Mein Bruder stürzt die Treppe hinauf und ruft: ich ha Franzose gseh, un sie mache eim nüt.

Es klingelt. Ein französischer Soldat steht vor der Tür und spricht französisch. Meine Mutter auch. Ich höre sie zum ersten Mal französisch sprechen. Ich fange an zu weinen, weil ich sie nicht mehr verstehe.

Es sei einer auf einem gestohlenen Ross im Galopp von Häsingen über St. Ludwig direkt in den Rhein geritten und auf dem Ross ans deutsche Ufer geschwommen. Auf der Flucht vor der Rache des Siegers. Er wohne jetzt in Altweil, weil es ab sofort keine Nazis mehr gebe im Elsass.

Meine Mutter weint und packt. Ich frage: wo göhmer ane? Sie sagt: mr müen unseri schöni Wohnig abgeh un ziehn zue dr Grossmueter. Ich freue mich. Dann sind wir ganz nah bei Anneli. Nur noch zwei Häuser dazwischen.

Die Grossmutter habe ich wahnsinnig gerne. Den Fingernagel am rechten Daumen schneidet sie nie ab. Sie sagt: dä bruuch i zuem d'Haue abchratze, wenn i in d'Räbe gang go bäcke.

Die Hühner habe ich auch wahnsinnig gerne. Den Hahn nicht. Warum nicht, fragt meine Mutter, er hat doch so schöne Federn. Weil er immer auf die Hühner springt und sie ins Genick beisst. Wegen nichts.
Meine Mutter lacht und sagt: wäge nüt isch guet.
Warum lacht sie? Und warum sagt sie das?

Wir sitzen auf dem Mäuerchen. Uta, Albert, Günther und ich.

Ich kenne eine Frau, die heisst Frau Gutenmorgen.

Stimmt gar nit.

Doch.

Un ich chenn ein, dä heisst Herr Sauermilch.

Dä chenn i au.

Un z'Friedlinge wohnt eini, die heisst Heiland.

Un ich chenn ein, dä heisst Seggel.

Stimmt gar nit, das git's nit.

Doch.

Un ich chenn ein, dä heisst Herr Furz.

Un ich ein: Herr Fudi.

Un Frau Schissi.

Frau Fudischissi.

Nei, Herr Furzspaghetti.

Un Herr Miaufürzlestinkkanone.

Mein Vater ist aus dem Krieg zurück. Er sagt: ich bi bedient. Und isst die Kartoffeln mit der Schale.

Frau Muser hat einen grossen Kropf. Sie kann die Bluse nicht mehr zuknöpfen und trägt immer eine hohe Schürze. Sie sagt, früher sei man nach Riehen gegangen und habe dort Wasser getrunken, wenn man einen Kropf gehabt habe, aber jetzt seien diese Zeiten vorbei. Und das Weiler Wasser nütze einen Dreck. Und der Stacheldraht zwischen Deutschland und der Schweiz sei schuld an ihrem Kropf.
Au das hämmer im Fiehrer z'verdanke, sagt sie.
Ich frage: was?
Sie sagt: oh hör mr doch uff.

Sie reden über den Krieg und den Frieden. Und wie gut es die Schweizer hätten. Ach hören Sie mir doch auf mit diesen Schweizern, sagt Frau Plogstet. Die wurden ja auch nie angegriffen, im Gegensatz zu uns Deutschen. Also müssen wir uns wehren. Wo kämen wir denn hin, wenn wir uns nicht wehren würden?
Ich denke: vielleicht kämen wir dann endlich nach Basel. Es ist ja nicht weit. Nur ein Katzensprung.

Meine Mutter ist in Zürich geboren, mein Vater ist in Basel geboren, und doch wohnen wir in Weil. Tante Frieda ist in Weil geboren, und doch wohnt sie in Basel. Was bedeutet das alles? Warum wohnen wir nicht auch in Basel? Wenigstens ich?

Herr Kaufmann ist gestorben. Es heisst, er habe einen Herzschlag gehabt un gliichzittig dr Gluggsi, un das hett em dr Boge geh.

Sehr gerne gehe ich zu Mehlins. In ihrer Stube hängt ein Gemälde an der Wand, auf dem vier Hunde Karten spielen.
Sie sitzen aufrecht auf gepolsterten Stühlen um einen Tisch herum und tragen Anzüge und Krawatten. Einer hat eine dicke Zigarre im Mund, ein anderer nimmt einen Schluck Bier, der dritte holt weit aus, um einen Trumpf auf den Tisch zu schmettern, und der vierte rauft sich die Haare.
Auf dem Gemälde ist ein zweites Gemälde zu sehen, es hängt hinter dem Hund, der Bier trinkt: vier Hunde, die Karten spielen.

Meine Mutter erzählt, ihr Vater, der Metzger, habe sie als Kind in den Kühlraum gesperrt, wenn sie nicht pariert habe. Nicht die Kälte, sondern die Dunkelheit und der Geruch von Blut hätten ihr die grosse Angst eingejagt. Und sie habe so gezittert, dass die Zähne aufeinanderschlugen.
Ich denke: zum Glück ist der schon gestorben.

Herr Braun kommt und sagt, er müsse unsere Hühner zählen, die Franzosen hätten ihn geschickt. Mein Vater packt ihn am Arm und sagt: mach dass de furt chunnsch, du Lumpeseggel, aber schnäll.
Herr Braun sagt: wart numme, mi Hand isch länger wie di Arm. Viel länger. Und geht lächelnd wieder fort.
Ich schaue auf seine Hand und auf den Arm meines Vaters und sage nichts. Auch nicht, wie viele Hühner wir haben. Acht Stück.

Jetzt gehe ich endlich in die Schule und kann schon alle Buchstaben schreiben. Ich kann schreiben, was ich will, und immer stimmt es. Unsere Lehrerin heisst Frau Gönner, und wir haben sie alle gerne.
Ich sitze neben Uta. Sie ist einen Kopf grösser als ich und hat keinen Vater mehr. Marianne sitzt ganz vorne und kann am schönsten schreiben. Adolf sitzt neben dem Ofen. Irmgard hat einen Schulranzen aus Holz und keinen Vater mehr. Mathilde hat eine schöne tiefe Stimme. Karlheinz wohnt auf dem Tüllinger Berg. Helga und Wolfgang wohnen am Zoll. Albert hat ein Glasauge. Gudrun weint wegen jedem Dreck, meistens wegen nichts. Sie hat keinen Vater mehr. Kurt trägt Holzschuhe, man hört ihn schon von weitem. Siegfried, Heinz und Nelly sind katholisch. Ingrid spricht hochdeutsch. Wir rufen wat denn wat denn, wenn sie kommt. Hans muss während der Schulstunden ab und zu essen, weil er sonst

sofort stirbt. Er sei schwerkrank, heisst es. Edda ist gefährlich, schlägt einem augenblicklich ins Gesicht, wenn man frech wird. Gerlinde hat einen Ausschlag auf dem Kopf und muss immer eine Mütze tragen, auch im Sommer. Sie hat keinen Vater mehr. Rudi heisst ursprünglich Rudolf. Sein Vater hat ein Pferd. Alfred ist der Dümmste. Jeden Samstag bringt er Frau Gönner vier Eier. Dieter flucht viel. Der andere Adolf läuft immer barfuss. Bis Ende Oktober. Ingeborg kann wunderbar malen. Gesichter und Fische. Auch Wälder.

Anton hat keine Mutter mehr.

Mein Bruder fragt mich: was heisst König uff hochdütsch? Ich frage: wieso? Er sagt: das heisst Könich. Ich sage: nei, König. Er sagt: frog doch d'Frau Gönner.

Die Grossmutter ist gestorben. Ich sitze bei ihr am Bett und häkle einen Waschlappen. Meine Mutter sagt: wenn öpper stirbt, tuet me nit hökle, sondern bätte. Mein Vater sagt: das nutzt jetz au nüt meh, loss das Chind numme hökle.

Zehn Minuten nachdem die Grossmutter gestorben ist, kommt Tante Klara und nimmt aus dem Küchenschrank eine Kasserolle heraus und sagt: die grieg ich.

Der Stacheldraht an der Schweizer Grenze hat an einer gewissen Stelle ein Loch. Und hinter diesem Loch befindet sich der Abfallhaufen von Gärtner Dahler in Riehen. Jeden Samstag werden dort faule Orangen abgeladen. Obwohl meine Mutter schimpft, fischen wir mit Stöcken die Orangen zu uns herüber, und die meisten kann man noch essen. D'Schwizer sinn verschläckt, die ässe no lang nit alles, sagt Rudi. Das isch unser Glück.

Ich frage meine Mutter: was heisst Nikolaus in der Mehrzahl? Nikolause oder Nikoläuse?
Sie weiss es auch nicht genau und sagt, ich solle ins Café Weiss gehen, dort sprächen sie hochdeutsch.
Ich deute auf die Schokoladennikoläuse und sage: zwei. Frau Weiss sagt: zwei Weihnachtsmänner. Eine Mark.

Ich werde zur Mandeloperation nach Lörrach ins Krankenhaus gebracht. Zwei freundliche Ärzte nehmen mich in Empfang und führen mich in ein weisses Zimmer. Meine Mutter muss draussen warten. Der eine Arzt legt mir eine Gummischürze um, und der andere nimmt mich auf seinen Schoss und erzählt mir auf hochdeutsch eine Geschichte, während er mir etwas Weisses unter die Nase hält. Er sagt: nun zähl mal schön bis zwanzich.

Ich fange an zu zählen, ein scharfer Geruch steigt mir in die Nase, ich höre die Ärzte ganz ferne lachen, als ich sage: nün, zäh, ölf.

Uta und ich spielen das Wörterspiel. Ich: Ofen. Uta: Ofenrohr. Ich: Stuhl. Uta: Stuhlbein. Ich: Wand. Uta: Wanduhr. Ich: Buch. Uta: Buchnabel.

Ich stehe mit drei Freunden vor dem geöffneten Fenster von Herrn Bauers Schlafzimmer. Es heisst, er sei am Sterben. Frau Bauer jagt uns fort, aber wir kommen wieder, wir wollen sehen, wie das ist, wenn man stirbt. Herr Bauer liegt mit weit geöffnetem Mund da, auf der Stirne einen nassen Waschlappen. Herr Bauer rührt sich nicht, und Adolf ruft: jetz isch er gstorbe. Nei, halt, nonig. Er zitteret no, Achtung, jetz.
Frau Bauer schliesst das Fenster, wir stehen herum. Adolf sagt: schad, das wer jetz so schön gsi.

Herr Reiser ist aus dem Krieg zurückgekommen und hat anstelle des rechten Armes einen eisernen Haken. Dieser Haken ist an einer kurzen Stange befestigt und die Stange am Rest des Armes. Bevor er ins Bett geht, muss ihm die Frau das Gestell abschnallen. Sie sagt: am liebschte det i das Ding furtwärfe, denn sitt dass er dr Arm ab hett, tuet's zähmol so weh, wenn er mi drmit verschloht. Für ihn isch dr Chrieg fertig, un für mi fangt er aa.

Wo isch dr Papa?
Sie hännen gholt hütt morge, sagt meine Mutter, morn göhmer zuenem. Und am nächsten Morgen geht sie mit mir und meinem Bruder Richtung Leopoldshöhe. Wir rennen neben ihr her und fragen nichts, denn sie ist sehr aufgeregt. Wir kommen in die Bühlstrasse, und die Mutter deutet auf ein grosses weisses Haus. Dört vorne in dere Villa isch dr Papa, das isch die französischi Gendarmerie, sagt sie.
Sie klingelt an der Haustür und sagt zu uns: sind joo brav. Ein französischer Soldat öffnet, sie nennt ihren Namen. Er winkt uns herein, deutet auf eine Bank im Vorraum und verschwindet.
Weiter hinten, auf einer anderen Bank, sitzen ein alter Mann und eine alte Frau. Stumm. Nach einer Weile frage ich die Mutter: wo isch dr Papa? Sie sagt: ich weiss es nit. Der alte Mann ruft von hinten: im Chäller. Alli im Chäller unte. Aber nüm-

mi lang, morn chömme alli ins Chefi uff Lörrach.
Ich frage: worum hänn sie dr Papa in Chäller abe gspert? Er hett doch nüt gmacht.
Der alte Mann ruft: natürlich nit. 's hett kein nüt gmacht, 's sinn alli unschuldig, alli unschuldig. Und er fängt an zu lachen, lacht immer lauter und hört erst auf zu lachen, als sich eine Tür öffnet und jemand schreit: Rrrruhe.

Frau Rosers Laden. Ich stehe vor dem Ladentisch und wünsche mir ganz fest, einmal hinter dem Ladentisch zu stehen. Verkaufen, wiegen, abfüllen, einpacken, sortieren. Ich träume davon, wie schön ich alles machen würde und wie freundlich ich mit den Leuten sprechen würde. Nicht nur brummen. Das Hinterstübchen, in das man hineinsehen kann, würde ich aufräumen und ein Kanapee hineinstellen. Und die Wurst würde ich auf einen Teller legen, nicht auf ein Papier.
Und früher Licht machen am Abend.

Ich bin so gerne im Stall bei Anneli und Onkel August. Aber die Fliegenfänger. Voller lebendiger Fliegen. Angeleimt an ihren durchsichtigen Flügeln. Und das Summen. Bis sie nicht mehr können.

Frau Gönner ist krank. Ein fremder Lehrer kommt. Wir müssen ein Gedicht lernen. Es heisst Johanna Sebus und beginnt mit den Worten:

Der Damm zerreisst, das Feld erbraust,
Die Fluten spülen, die Fläche saust.

Siegfried muss es vorlesen. Bei dem Wort Fläche ruft der Lehrer: halt! Das heisst nicht Fläche, sondern Fläsche. Ihr seid alle halskrank. Man formt das ch nicht in der Gurgel wie ein Schwein. Hier wird gesprochen und nicht gegrunzt. Los, alle zusammen: die Fläsche saust, die Fläsche saust. Und noch einmal: die Fläsche.

Dass mein Vater im Gefängnis ist, wissen alle. Aber sie fragen mich: wo isch di Vatter?

Und ich sage: in Gfangeschaft.

Ich tue, als sei er in Russland und nicht in Lörrach.

Bei Hermann Fischer in der Küche. Auf seiner Schulter sitzt ein gelber Kanarienvogel. Hermann Fischer flüstert mit ihm. Ich sage: dä hett jo gar keini Ohre. Hermann Fischer sagt: aber er hört alles, dä Lumpeseggel.

Wenn wir den Vater im Gefängnis besuchen, gehen wir zu Fuss von Altweil durch den Tunnel nach Lörrach. Es fährt kein Zug, die Eisenbahnbrücke über die Wiese ist gesprengt.
Im letschte Momänt hänn sie die Bruck no müesse in d'Luft jage, die Hornochse, sagt meine Mutter.
Bevor wir in den Tunnel gehen, reisst sich jeder einen Ast aus dem Gestrüpp, und mit diesen Ästen streichen wir an der Wand entlang, um nicht vom Weg abzukommen. Die Mutter geht voran, ich hinter ihr, mein Bruder hinter mir. Lange müssen wir im Dunkeln gehen, der Geruch von Russ und Feuchtigkeit ist uns vertraut, wir haben keine Angst. Wenn wir die Biegung erreicht haben, sehen wir schon den Ausgang. Weit, weit entfernt, ein kleines helles Loch.
Und wenn dieses helle Loch sichtbar wird, sagt mein Bruder: jetz simmer gli im Gfängnis.

Herr Glattacker ist ein berühmter Kunstmaler und hat einen langen Bart. Helene Bürgin sagt: alli Chünschtler hänn langi Bärt. Ihre Mutter sagt: dr Burte hett kei Bart un isch ein vo de gröschte Chünschtler wo mr hänn. Helene fragt: isch das au e Moler? Ihre Mutter sagt: nei, das isch e dütsche Dichter. Merk dr das für alli Zitte. Und zu mir sagt sie: un du au, du dummi Gans.

Unser Klavierlehrer heisst Herr Kempf. Er hat so weiche Finger und immer Tränen in den Augen. Wenn ich die weisse Dame spielen muss und zu der Stelle komme, die mit fortissimo bezeichnet ist, ruft er: und jetzt rinn in die Kartoffeln.

Fürchtet den Herrn, ruft der Pfarrer. Eine halbe Stunde später ruft er: liebet den Herrn.
Was soll ich jetzt machen?
Lieber lieben.
Fürchten tu ich den Pfarrer.

Ich sitze in der Stube und mache Schulaufgaben. Neben mir sitzt Josef, ein alter Metzger aus Friedlingen. Er fragt: in wellere Klass bisch? Ich sage: in dr dritte. Ich bin aber erst in der zweiten.

Günther sagt: e Ross bruucht kei Benzin.
Es lauft mit Gottes Hilf.

Bei Onkel August und Tante Hilda in der Stube. Sie sind traurig und stumm. Karli hat schon über zwei Jahre nicht geschrieben. Er ist vermisst. Und ihr einziger Sohn.

Manchmal frage ich meine Mutter, nachdem sie einen Mann oder eine Frau gegrüsst hat: wohär chennsch die? Und oft antwortet sie: vom Seh. Und ich denke jedesmal an den Titisee.

Mein Bruder und ich müssen ins Gefängnis. Dem Vater einen Pullover bringen. Wir toben auf seiner Matratze herum und versuchen, aus dem vergitterten Fenster zu schauen, aber das geht nicht, auch wenn wir noch so hohe Sprünge machen. Das Fenster ist viel zu hoch oben. Nach einer Viertelstunde müssen wir wieder gehen und machen uns auf den Heimweg Richtung Tunnel. Es fängt an zu donnern und zu blitzen, wir rennen zurück und läuten am grossen Tor. Der französische Wächter kennt uns schon, er sagt: allez hopp, und wir dürfen wieder hinein. Der Vater sagt: wenn's numme no e paar Johr gwittere det.

In meinem Zimmer steht ein grosser Spiegelschrank. Wenn ich im Bett liege, kann ich mich anschauen. Manchmal lächle ich kurz.

Nach der Sonntagsschule sagt Herr Leisinger: am negschte Samschtig mache mr e Reis in d'Schwiz. Chömmet am sechsi.
Am nächsten Samstag um halb sechs gehe ich, schön angezogen und gekämmt, zu Herrn Leisinger. Die anderen Kinder kommen auch schon früher. Pünktlich um sechs schliesst Herr Leisinger auf und sagt: göhnt ine, eins nachem andere. Nit drucke. Wir gehen hinein, er schliesst die Tür und sagt: sitzet ab. Und zeigt uns ungefähr hundert Schweizer Ansichtskarten. Eine nach der andern.

Im Sommer baden wir im Teich. Das ist kein Teich, sondern ein Bach. Wahrscheinlich sogar ein Kanal. Das Wasser kommt aus Riehen in der Schweiz, und wenn man aufpasst, erwischt man einen leeren Eisbecher, auf dem geschrieben steht: Firn-Eis. Die kommen alle aus dem Riehener Schwimmbad angeschwommen. Ich sammle sie und habe bereits 21 Stück. Mein Traum wäre, einmal einen gefüllten Eisbecher zu haben. Schon hundert Mal bin ich stromaufwärts gewatet, habe versucht, mich unter dem Stacheldraht hindurchzuzwängen, aber es geht nicht. Es geht einfach nicht.
Sie haben den Stacheldraht sogar im Wasser angenagelt.

Herr Schlosser gibt Musikunterricht, aber es heisst, er dürfe nur noch Buben unterrichten, weil er den Mädchen unter die Röcke geschaut habe. Es heisst sogar, er habe unter dem Klavierstuhl einen automatischen Fotoapparat eingebaut. So einer sei das.

Ich sitze mit Uta, Nelly und Gertrud auf dem Mäuerchen. Wir spielen Liebe und Hass. Es ist Frühling, und wir haben schon Kniestrümpfe an. Plötzlich kommt Gertruds Vater durch das Gässchen und ruft: mach dass de heim chunsch, du fuul Lueder, mei dir will i. Und er packt Gertrud am Arm und schüttelt sie und brüllt: hesch nüt z'schaffe, hä?
Gertrud sagt: mr spiele Liebi – aber weiter kann sie nicht sprechen, weil der Vater zuschlägt und sie hinfällt. Sie rappelt sich hoch und rennt heim, der Vater hinterher.
Nelly und ich rufen ihm nach: – un Hass un Hass un Hass.

Fritz Thommen und Alfred Garni unterhalten sich bei uns im Schopf über Zähne und Gebisse. Fritz Thommen sagt: mi Frau hett jetz no genau ei Zahn. Un zwar e Giftzahn.

Ich bin evangelisch. Siegfried, Heinz und Nelly sind katholisch. Das finde ich furchtbar. Ich bin froh, dass ich evangelisch bin.

Fasnacht habe ich nicht gerne. Höchstens das Fasnachtsfeuer auf dem Tüllinger. Es riecht so gut, und man kann wenigstens nach Basel schauen.

Mein Vater ist wieder zurück aus dem Gefängnis. Meine Mutter sagt: sitt dass er wieder duss isch, isch ei Theater.

Ich stehe vor dem grossen, schmiedeeisernen Tor des Läublinhofes und schaue hindurch in den Park, auf die Linden und den steinernen Brunnen, auf das herrschaftliche Haus mit den grossen Fenstern und den breiten Treppenstufen und denke: wenn ich nur hier wohnen würde.

Frau Doktor Stieger aus Luzern hat ein Päckchen geschickt. 1 Kilo Zucker, 2 Kilo Mehl, 1 Tafel Schokolade, 1 Schachtel Gerberkäse, 10 Suppenwürfel. Meine Mutter sagt: die gueti Seel. Mein Vater sagt: 's wird ere au schwergfalle sii, us ihrem überfüllte Vorrotschäller in dr Zwölfzimmervilla das mager Päckli z'fülle. Schribsch ere, sie soll sich ihri Suppewürfel an Huet stecke.

Tante Klara rennt im Hof herum und ruft: dr Stocker isch verschwunde, scho zwee Daag. Isch er bi euch?
Stocker ist der Zimmerherr von Tante Klara und trägt im Winter immer einen langen Mantel, der bis zu den Füssen reicht.
Am dritten Tag finden sie den Stocker im Heu. Er ist tot, und in jeder Manteltasche schläft eine Katze.

Ich muss Aufgaben machen, aber in der Stube sitzt Herr Frei, in der Küche sitzen zwei, die ich nicht kenne, und in der oberen Stube ist es zu kalt. Also gehe ich doch in die Stube, packe aus und fange an zu schreiben. Herr Frei fragt: was schribsch?
Verschideni Wörter.
Was für verschideni Wörter?
Mit Artikel.
Aha, mit Artikel. De weisch jo, mir Dütsche hänn als einzig Volk uff dr Wält drei verschideni Artikel. Dr Engländer het numme ein. Mir hänn drei. Zuem Bispiel: Frau, Maa, Chind. Nit? Frau, Maa, Chind. Also: zwo Fraue, zwee Männer, zwoi Chinder. Das sinn ebbe die drei verschidene Artikel wo mir hänn.

Ruth Sütterlin hat sich mit einem Schweizer verlobt. Als sie am Sonntag mit ihm spazierengeht, spazieren Nelly und ich hinterher. Wir haben noch nie einen Schweizer gesehen.

Herr Braun kommt wieder. Diesmal muss er die Zimmer zählen, nicht die Hühner. Weil erwartet Flüchtlinge.
Mein Vater ist nicht da und kann Herrn Braun nicht daran hindern, die Zimmer zu zählen. Die Mutter sagt, er solle zählen, und begleitet ihn nicht durchs Haus.
Als er zurückkommt in die Küche, greift er langsam in seine Brusttasche, zieht einen kleinen Block hervor und lächelt. Er schreibt etwas auf, und während er schreibt, schaut er meine Mutter an und lächelt immer noch. Und sagt: zwei Zimmer sinn fällig. Und lächelt und geht.

Ich stehe mit vielen anderen Leuten auf dem Rathausplatz und warte auf die Flüchtlinge. Ich weiss nicht, wie ein Flüchtling aussieht. Edda sagt: Flüchtling sinn mager un hänn Schlitzauge, will sie vo Russland sinn.
Zwei Lastwagen, voll mit Menschen, fahren auf den Platz. Frau Franz, die grösste Frau von Weil, steht zuvorderst hinter einem grossen Suppentopf und hat eine Schöpfkelle in der Hand. Herr Roser, der neben mir steht, sagt leise zu Herrn Frei: vor einiger Zitt isch sie au z'vorderscht gstande, die alti Hitlermätz.
Jetzt sehe ich die Flüchtlinge. Sie helfen einander beim Aussteigen, reichen sich Koffer und Taschen und verschnürte Schachteln, schauen sich um, stehen da. Nicht alle haben Lust auf Suppe.
Stadtrat Eichinger ruft auf hochdeutsch: im Namen der Gemeinde Weil heisse ich die Heimatvertriebenen in der neuen Heimat willkommen.

Ich sehe meine Mutter, sie steht auf der anderen Seite, und Herr Eichinger beginnt nun, Namen aufzurufen, die er von einer Liste abliest. Er ruft: Kirkowski Johannes, Kirkowski Elisabeth, Kirkowski Eva, Kirkowski Christian, Schröder Elisabeth aus Tilsit zu Familie Ziegler, Hauptstrasse 60.
Meine Mutter geht zu den Flüchtlingen aus Tilsit, ich auch, sie sagt zu mir: gib schön d'Hand, und ich helfe auf dem Heimweg beim Tragen des Gepäcks.
Ich schaue die Flüchtlinge an. Sie haben keine Schlitzaugen.

Frau Schröder erzählt von ihrer Heimat und weint. Sie sagt: 160 Jahre wohnten wir im selben Haus, dann kam der Russe.
Ich denke: wenn Frau Schröder 160 ist, bin ich 120.

Eines Tages fährt ein Auto mit drei Rädern in den Hof, und aus steigt mein Vater und sagt: ab hütt simmer motorisiert, un wämm's nit passt, bruucht nit mitfahre.

Meine Mutter seufzt. Frau Frank sagt: nämme Sie's nit so schwer. Jede Daag e Bibelwort. Am Morge Moses und z'obe Lukas, no isch me putzt un gstrieglet.

Warum brüllt Frau Bichler Frau Kirkowski so an? Warum sagt sie Flüchtlingspack? Frau Kirkowski hat ja nur gefragt, ob sie von einem der vielen Apfelbäume ein paar Äpfel pflücken darf.

Das 4. Gebot verstehe ich nicht. Du sollst deinen Vater und deine Mutter ehren, auf dass du lange lebest im Lande, das dir der Herr, dein Gott gibt.
In welchem Lande? In Deutschland? Und wenn ich in die Schweiz will? Oder nach Amerika? Was ist dann?

Ich darf mit Anneli und Onkel August auf den Mühlematten heuen. Nach zwei Stunden setzen wir uns unter einen Baum und essen Rettichsalat und Brot. Onkel August schaut hinüber nach Riehen. Nach einer Weile sagt er: numme zäh Meter witter äne, no were mr Schwizer. Und wieder nach einer Weile: un dr Karli wer no do. Und wieder nach einer Weile: numme zäh Meter.

Günther Fromm und ich spielen unter einem Baum 66. Er hat die Karten immer bei sich. Plötzlich steht sein Vater vor uns. Günther klettert auf den Baum, Herr Fromm zischt: ab heim. Günther rührt sich nicht. Herr Fromm nimmt ein kleines Stück Schokolade aus seiner Hosentasche, zeigt es Günther und sagt: guddi guddi. Günther springt vom Baum und greift nach der Schokolade. Aber Herr Fromm steckt sich die Schokolade selber in den Mund, packt Günther, gibt ihm einen Tritt und schüttelt ihn hin und her, bevor er ihn verprügelt. Du Dräckseggel, du verdammte, mei dir will i, ab heim go Holz biige.
Günther ist wie ein Wiesel davongerannt, ich will auch weg und kann nicht, weil ich merke, dass mir vor Angst etwas Warmes an den Beinen hinunterläuft.

Tante Hilda heisst Hilda, weil die Grossherzogin von Baden Hilda hiess.
Was ist das, eine Grossherzogin? Meine Mutter sagt, das sei eine Prinzessin gewesen, aber es gebe nun seit über dreissig Jahren kein Grossherzogtum mehr. Und Karlsruhe sei zerstört und das Schloss auch, und die Grossherzogin lebe nun schon lange in Badenweiler.
E chlei alt Hutzelfrauele.
Ich frage: so wie d'Frau Knorr?
Meine Mutter sagt: jo, so ungfähr.
Ich denke: dass eine Prinzessin wie Frau Knorr aussieht, das kann nicht sein. Das glaube ich nicht. Nie im Leben.

Sie sitzen in der Stube und trinken Kaffee, Frau Prohaska und meine Mutter. Ich sitze mit der Katze auf dem Sofa hinten, weil ich keinen Kaffee trinke. Frau Prohaska sagt: meine Träume sind alle in Erfüllung gegangen. Zuerst starb der Mann, dann verunglückte der Sohn mit diesem gottverfluchten Motorrad. Sie wissen es ja, zwei Tage hat er noch gelebt. Und jetzt bin ich allein. Und auch der letzte Traum ging in Erfüllung: ich habe Wasser in den Beinen.

Meine Mutter hat ab und zu Gesangunterricht bei Herrn Organist Kern. Aber es ist besser, er kommt nur dann, wenn mein Vater nicht da ist. Er verträgt die Koloraturen nicht.

Meine Mutter weint. Sie sagt: die besch-te Männer sinn im Chrieg bliebe, un die gröschte Vögel sinn wieder heim cho.

Vorsichtig schiebe ich die Glasscheibe des Bücherschrankes zurück und nehme mein Lieblingsbuch heraus. Es heisst: Bilder von der Insel Mainau. Ich setze mich aufs Sofa und schlage Seite 60 auf. Da ist ein Denkmal zu sehen. Es ist ein Knabe aus Marmor, er sitzt auf einem Stein aus Stein, den linken Fuss auf dem rechten Knie, und er versucht, einen Dorn aus dem Fuss zu ziehen. So genau ich auch hinsehe, ich kann den Dorn nicht finden.
Und doch heisst das Bild: Der Dornauszieher.

Lueg, dr Guschti chunnt, sagt mein Vater, der am Fenster steht. Das isch jetz dä, wo vo Dänemark uff Hamburg gschwumme isch im Chrieg. Nämmet ech e Bispiel.
Ich schaue Guschti lange an, nachdem er hereingekommen ist, und hoffe, er möge erzählen, wie er von Dänemark nach Hamburg geschwommen sei. Aber er fragt nur, ob er die Rebenspritze ausleihen könne. Seine sei verstopft.

Freddi Weber kommt nach sechs Jahren unverletzt aus dem Krieg zurück. Eine Woche später hängt er sich auf. Es heisst, der Friede habe ihm den Rest gegeben.

Herr Geiser ist Klavierstimmer und blind. Während er mit kleinen Zangen und Hämmerchen das Klavier stimmt, schaut er lächelnd zur Decke und summt. Einmal schaut er direkt auf mich, ich glaube, er sieht mich doch. Ganz schnell blinzle ich wie wild mit den Augen, nur einen Augenblick. Nein, er hat es nicht gesehen. Er lächelt und summt.

Wenn sich mein Vater über mich ärgert, nimmt er sein rechtes Ohrläppchen in die Hand, zieht es nach vorn und sagt: das schrib i mr hinter d'Ohre. Merk dr das.

Onkel Egon kommt und fragt, ob seine Tochter in unserer Stube Verlobung feiern könne, wir sollten es uns überlegen, er hole morgen die Antwort ab.
Natürlich, sagt mein Vater, als Onkel Egon wieder fort ist, in ihri Stube chönne sie niemer loh, will suscht d'Lüt im Dräck stäckebliibe. Das isch dr Punkt.
Während der Verlobung wirft einer einen Hering an die Decke. Meine Mutter geht ins Schlafzimmer, setzt sich auf den Bettrand und sagt: ich halt das ball nümmi us.

Onkel August hört nicht mehr gut. Sie sagen, er solle zum Doktor gehen. Aber er will nicht. Er sagt: i ha scho gnueg ghört. I will nüt meh höre.

Auf dem Jahrmarkt gewinne ich einen Kochtopf. Mein Vater zeigt den Kochtopf Herrn Kirkowski, dem Flüchtling, und sagt, er solle sich ein Beispiel nehmen.

Ich bin in Marzell bei Müeti in den Sommerferien. Ich muss im Garten helfen und darf die Hühner füttern. Mein Cousin sagt: chumm, mr haue ab. Wir gehen auf den Blauen und sind erst nach vier Stunden zurück.
Die Tante schimpft und zetert, sie lässt sich aufs Sofa fallen und sagt: ich hänk mi uff. Dir bringet mi sowieso ins Grab.

Seit sieben Jahren bete ich jeden Abend für Karli, Herrn Conrads, Herrn Lessing, Onkel Martin, Götti Ernst, Herrn Kirchner, Herrn Hoffer, Rolfi, Herrn Deuringer und Dölfi, dass sie bald wieder heimkämen. Der einzige, der bis jetzt zurückgekommen ist, ist Götti Ernst.

Ich bin bei Kielings, den Flüchtlingen aus Chemnitz, zum Essen eingeladen. Es gibt Kabeljau, sagt Frau Kieling, während sie den Tisch deckt.
Ich weiss nicht, was das ist, Kabeljau, und gehe lieber wieder heim.

Wir haben jetzt ein Telefon. Wenn es läutet, erschrickt meine Mutter jedesmal. Bevor sie den Hörer abnimmt, wirft sie einen Blick in den Spiegel und sagt: jesses, wie ich wieder usseh.

Bei Rosers im Laden flüstern Frau Osswald und Frau Roser über den Ladentisch hinweg, ich höre Frau Osswald sagen: un jetz isch's in andere Umständ. Es isch doch mit däm Haloderi am Bodesee gsi. Frau Roser, die bemerkt, dass ich zuhöre, schaut mich böse an und sagt: jä, jä, das chunnt vom viele Ginggelegäng am Bodesee.
Ich weiss nicht, was sie meint.

Ingrid sagt: meine Mutter hat gesagt, bei euch gingen schöne Typen ein und aus. Ich sage: das sagt meine Mutter auch.

Johanna Zapf hat Angst vor der Dunkelheit, obwohl sie schon über 50 ist. Sie schliesst jeden Abend die Fensterläden und verrammelt die Türen, und wenn sie ein Geräusch hört, bellt sie.
Adolf und ich kratzen an ihrer Tür. Wir hören Johanna Zapf so gerne bellen.

Im Kindergottesdienst sagt der Pfarrer: wir haben heute keinen Organisten und singen a cappella Such wer da will ein ander Ziel. Und alle fangen an zu singen. Ich nicht. Ich warte, bis die Kapelle kommt.

Gretli Brunner sagt: dr Herr Schwarz isch us dr Gfangeschaft heim cho. Un e Bekannte vo mim Onkel au. 's tröpflet jetz wieder e weng. Mein Vater sagt: du tröpflisch au e weng.

Hermann Fischer sagt zu der Fliege, die auf seinem Teller sitzt: hau ab, du blödi Sau.

Mein Vater sagt zu meinem Bruder und mir: morn göhmer uff Basel. Ich bi zwar dr einzig, wo e Passierschin hett, aber euch bring i schon übere. Am zwölfi isch Abmarsch.
Mein Bruder und ich gehen früh ins Bett, damit es schneller morgen wird. Vor dem Einschlafen reden wir über alles und wie es wohl sei in Basel. Er sagt: z'Basel gitt's numme riichi Lüt, un usserdäm cha me ässe, was me will. Dört gitt's zwei Schwümmbäder un richtig schöni Halbschueh un Banane. Das sinn länglichi Öpfel.
Am nächsten Tag ziehen wir uns schön an, und die Mutter sagt beim Abschied zum Vater: gimmer joo acht uff d'Chinder. Sie winkt, und wir winken, und bevor wir zum Zoll kommen, sagt mein Vater: looset jetz genau zu. Z'erscht göhmer dur dr dütsch Zoll. Das isch kei Problem. Dr Bekker stoht, dä weiss Bscheid. Un z'Rieche am Schwümmbad wartet dir e paar Minute, un

ich gang vorus zuem Schwizer Zoll un halt dr Zöllner e weng uff im Zollhuus, un dir rennet, was dr chönnet, d'Wilstroos duruf un wartet drno an dr Tramhaltstell, bis i chumm. Wir tun, was er sagt, Herr Bekker schaut uns gar nicht an, wir kommen zum Schwimmbad, der Vater geht weiter, wir bleiben stehen. Ich kann es gar nicht fassen, dass ich endlich vor dem Riehener Schwimmbad stehe, endlich auf der anderen Seite. Nach einer Weile sagt mein Bruder: jetz ab, los. Und wir rennen, wir rennen, als ob's ums Leben ginge, am Zollhaus vorbei zur Tramhaltestelle. Dort angekommen, sagt mein Bruder: jetz simmer in dr Schwiz. Endgültig. Lueg dort äne isch dr Tüllinger. Vo hinte.

Mein Vater kommt und lacht, und wir steigen in das schöne grüne Trämli und fahren ab.

Die Leute, die ein- oder aussteigen, sehen nicht viel anders aus als die in Weil. Sie la-

chen nicht. Warum lachen sie nicht, wenn sie doch Schweizer sind und alles haben? Ich lache und freue mich wahnsinnig, es wird mir beinahe schlecht vor Freude. Hoffentlich muss ich nicht brechen.
Ba-sel, Ba-sel, Ba-sel, ich glaube, ich muss doch brechen. Mein Vater sagt, ich solle kein Theater machen. Suscht gitt's e paar an d'Ohre.
Wir steigen endlich aus und gehen sofort in ein Café. Bstellet, was dr wänn, sagt mein Vater, dört vorne am Büffet. Ich suche zwei schöne Tortenstücke aus, aber schon nach dem ersten wird mir schlecht, und mein Vater muss mich auf den Abort führen. Ich muss brechen und Wasser trinken. Wieder draussen auf der Strasse, sagt er, ich solle Luft schnappen, wir gingen jetzt zum Münster.
Vorbei an wunderbaren Häusern, die alle verschlossen sind, spazieren wir bergauf durch eine schmale Gasse. Wer wohnt in

diesen wunderbaren Häusern? Wer öffnet diese grossen Türen? Warum sind keine Fenster offen, wo doch so schönes Wetter ist? Vielleicht sind alle schon gestorben, die hier wohnten. Wir kommen zum Münster, ich renne einmal um den schönen Platz herum, mein Vater ruft: mach langsam, trink nomoll Wasser an däm Brunne.
Hinter dem Münster schauen wir hinunter auf den Rhein, mein Bruder ruft: ich seh dr Tüllinger vo do. Ich sehe ihn auch und bete im stillen: liebe Gott, bisch so guet un mach, dass i ball wieder uff Basel cha cho, bitte. Amen.
In den Seitengängen des Münsters hängen Grabsteine an den Wänden, und mein Vater sagt: sone Grabstei isch eines Tages 's Änd vom Lied. Merket ech das. Un jetz göhmer in d'Rhibruck, 's gröscht Chaufhuus vo Europa.
Beim Anblick der vielen Dinge, die es dort gibt, ergreift mich eine grosse Sehn-

sucht nach meiner Mutter, aber das nützt ja nichts. Wir dürfen jeder einen Ball aussuchen, für die Mutter kauft der Vater ein Paar wunderbare Schuhe, für sich einen Hut und Zigaretten. Un jetz isch dr Gäldbeutel leer, sagt er.

Wir gehen noch spazieren, ich weiss nicht, wie die Strassen heissen, ich weiss nur eins: ich bin in Basel. Auf dem Heimweg, schon wieder in der Weilstrasse, nimmt mir der Vater meinen Hut vom Kopf, zieht mich hinter einen Baum und füllt den Hut mit Zigaretten. Vorsichtig stülpt er mir die Ladung auf den Kopf, zieht das Hutband straff, so dass ich fast ersticke. Numme fünf Minute, sagt er, un nit wackle. Steif und aufrecht gehe ich durch den Zoll, zu Hause falle ich meiner Mutter in die Arme, ich muss ins Bett, ich kann nicht mehr.

Basel, das war ein Traum.

Tante Klara hat einen Gipskopf von Schiller auf dem Buffet. Sie sagt, es sei der Johann Peter Hebel und die Inschrift am Hals ein Druckfehler.
Einmal fiel der Gipskopf um, und der Hals brach ab. Tante Klara stützt nun den Rest des Kopfes mit einem Zündhölzchen. Suscht hett er jo 's Muul uffem Buffet, sagt sie.

Ich habe eine Wut und weiss nicht warum. Meine Mutter sagt beim Essen: schmeckt's, du Giftnudle?

Mein Vater sagt, er gründe jetzt mit einem Schweizer namens Brändlin eine Firma. Das grüne Kreuz. Eine Woche später zwängt sich ein riesiger Fernlastwagen mit Anhänger rückwärts in den Hof. Mein Vater dirigiert den Chauffeur zur Scheune. Die Hühner flattern in alle Richtungen, die Katzen flüchten auf den Quittenbaum. Mein Bruder und ich stehen herum, der Chauffeur steigt aus und streckt sich, gibt mir die Hand, deutet auf meinen Bruder und fragt, ob das mein Schatz sei. Wir fangen an zu lachen, mein Vater ruft: jetz goht's los, auf die Plätze, hoppla, ablade. Der Anhänger wird geöffnet, er ist vollgeladen mit lauter Paketen. Wir müssen sie im Futtergang stapeln, und zwischendurch verschwinde ich mit einem Paket, um es zu öffnen. Es ist Würfelzucker. Nichts als Würfelzucker.

In der Nacht stehe ich auf und gehe leise mit dem Schulranzen in den Futtergang und öffne ein Paket. Ich fülle den Schulranzen bis oben hin mit Würfelzucker. Die leere Schachtel werfe ich zum hinteren Fenster hinaus, bei Frau Stadelmeier in den Garten. Leise gehe ich zurück in mein Zimmer und verstecke den Schulranzen unter dem Bett. Und freue mich schon aufs Verteilen in der Schule.

Sehr gerne gehe ich auch zu Mattmüllers. Freya Mattmüller ist 21 und wie ein Kind. Sie hat zwei Zöpfe und spielt Fang den Fuchs. Von morgens bis abends. Es heisst, sie habe die englische Krankheit.
Herr Mattmüller sagt: das isch unser Wunderchind.

Es ist Fasnacht, die Narren rennen auf der Strasse herum. Ich schaue zwar zum Fenster hinaus, aber mitmachen will ich nicht. Um Gottes willen, jetzt kommt Uta durch den Hof gerannt, will mich wahrscheinlich abholen. Sie hat eine weisse Ärmelschürze an, was wird sie schon sein, ein Frisör.

Ist das alles langweilig.

Sie stürzt in die Stube und ruft: im Central isch Priismaskeball, hopp, verchleid di, dr erscht Priis isch e Kaffiservice. Ich bi e Zahnarzt, sagt sie und holt eine Zange aus der Tasche.

Ich denke, ein Kaffeeservice wäre nicht schlecht, und schneide aus einer Schachtel eine Art Larve, ziehe den Morgenrock meiner Mutter an und nehme für alle Fälle noch den Zylinder meines Vaters mit.

Wir machen uns auf den Weg Richtung Central, und ich habe einfach keine rechte Lust.

Als ich mich dem Preisgericht zeige, ruft einer: was sott denn das si? Du sehsch jo us wiene Gmieschischte.
Eine Gemüsekiste. Ich habe es ja gespürt und gehe wieder heim.
Unterwegs werfe ich die Larve in einen Garten.

Während des Mittagessens hören wir regelmässig die Nachrichten der Schweizerischen Depeschenagentur. Davor das Zeitzeichen aus Neuenburg: piiiiiip-piiiip-piip-piip-piip-pippppp.
Einmal kommt die Nachricht: die britische Thronfolgerin, Prinzessin Elisabeth, hat einem Thronfolger das Leben geschenkt.
Meine Mutter sagt: Gott sei Dank.

Im Bahnhofhotel gibt es jetzt ein Kino. Ohne anzuhalten, rennen Gertrud und ich von Altweil bis zum Bahnhofhotel. Der Film heisst: Rausch einer Nacht und ist nicht jugendfrei. Sie lassen uns nicht hinein. Gertrud sagt: jetz hämmer dr Dräck.

Meine Mutter sagt: wämmer d'Olga nit hätte, wüsst i mr nit z'hälfe in däm Chaos. Olga hilft uns im Haushalt. Sie ist immer fröhlich, obwohl sie einen Mann hat, der sie schlägt und nicht arbeitet. Dä Daagdieb, sagt meine Mutter, göhn Sie doch ändlich furt vonnem. Aber Olga weiss nicht, wohin sie gehen soll mit den zwei Kindern, und hat Angst.

Heem gann isch nisch mähr, sagt sie. Wu sull isch dänn hi?

Sie kommt aus Sachsen.

Und zwischen Sochsen un Weil is dr eeserne Vurhang.

Wir müssen in den Reben Rebholz auflesen, mein Bruder und ich. Ein Mann kommt vorbei und fragt, wie wir heissen. Ich sage: Franziska Eiermann. Der Mann deutet auf meinen Bruder: un sälle? Ich sage: Eugen Eiermann. Der Mann geht weiter, bleibt stehen, dreht sich um und ruft: 's nechscht Mol griege dr dr Ranze voll, ich weiss genau, wäm dir ghöret. Aber 's wunderet mi nit. Wie die Alten sungen, so zwitschern auch die Jungen.

Ich darf mit meiner Mutter ins Elisabethenkrankenhaus, Tante Rosi besuchen. Als wir uns dem Haus nähern, sagt meine Mutter: dört bisch du gebore. Im zweite Stock. Und sie hebt den Arm und deutet auf ein Fenster: dört obe. Ich schaue das Fenster an, und sie sagt: un jetz bisch scho so gross. Leise klopft meine Mutter an die Tür, hinter der Tante Rosi liegt, und leise öffnet sie, und ich sehe Tante Rosi dortliegen, mit offenem Mund und halbgeöffneten Augen. Die Mutter sagt: mir sinn's, Rosi.

Tante Rosi macht: ähhhh. Sonst nichts. Die Mutter flüstert, ich solle die Trauben auspacken. Sie schiebt einen Stuhl ans Bett, setzt sich nah zu Tante Rosi und nimmt ihre Hand. Nach einer Weile sagt Tante Rosi, ohne den Mund zu bewegen: i will goh.

Meine Mutter sagt: jesses nei au, du wirsch doch wieder gsund. Und nun sagt Tante Rosi ganz deutlich und laut: schwätz kei so dumm Züg, ich bi erledigt. 's Eiwiss stigt un stigt, sitt dass sie mr 's Närvewasser zoge hänn. D'Bluetklappe göhn nümme uff un zue. Un jetz no dä Läberestich. Ich cha nümme un i will nümme. Netz mr d'Stirne.

Während meine Mutter Tante Rosi die Stirne abtupft, zeige ich ihr die Trauben. Sie sagt: gimmer 's Händli.

Ich stehe, meine Hand in der Hand der Tante und schaue sie an. Sehr gerne würde ich sie kämmen, aber ich sage nichts. Sehr gerne würde ich sie auch abtupfen oder ihr die Tropfen geben, die auf dem Nachttisch stehen. Oder sie verbinden oder einsalben.

Meine Mutter legt das feuchte Tuch beiseite und sagt: jetz goht's scho besser, gäll. Tante Rosi sagt: nei, 's goht nümme besser, 's hett alles kei Wärt meh. Fini. Und sie schliesst die Augen und macht: ähhhh. Dann sagt

sie: du bisch e gueti Seel, aber ich bi erledigt. Chömmet guet hei.
Auf dem Heimweg nehme ich mir vor, Krankenschwester zu werden.

Wir haben Besuch aus Berlin und müssen hochdeutsch sprechen. Herr Duntz spricht sehr schnell, und nicht immer verstehe ich alles. Muesch halt d'Ohre spitze, sagt meine Mutter.

Gerade als ich zur hinteren Tür hinauswill, kommt Herr Duntz zur hinteren Tür herein. Er fragt: wo willste denn hin, du kleene Maus? Er nennt mich immer kleene Maus und meinen Bruder Pfeifenkopp.

Ich sage: in Schopf, Holz holen.

Wat?

In Schopf, Holz holen.

Wo willste Holz holen?

Im Schopf.

Herr Duntz legt seine dicke Hand auf meinen Kopf und fängt an, in meinen Haaren herumzuwühlen. Ick seh keen Holz, sagt er. Ich verstehe nicht, warum er in meinen Haaren wühlt, und will weg. Aber er hält mich an einem Haarbüschel fest und sagt: siehste, jetz hab ick dich beim Schopf. Und da willste also Holz holen. Ich versuche mich loszureissen und schreie, so laut ich kann: der Schopf ist neben dem Hühnerhof, und im Schopf ist das Holz und die Trotte und der Abort. Und renne, so schnell ich kann, Richtung Schopf. Herr Duntz ruft: ach so, Schuppen meenste, Schuppen, ick verstehe. Na so was.

Jetzt weiss ich, warum er mir in den Haaren herumgewühlt hat. Aber ich habe keine Schuppen auf dem Kopf.

Ich sage zu meiner Mutter: dr Früehlig isch schön, gäll. Und sie fängt an zu singen: so sei gegrüsst viel tausendmal, holder holder Frühling.

Ich muss Abschied nehmen von Frau Gönner, ab morgen gehe ich in Lörrach ins Gymnasium. Frau Gönner sagt: nun wird es ernst, aber für dich habe ich keine Angst. Warum sollte sie Angst haben? Ich habe ja auch keine Angst.

Ich warte beim Metzger, bis ich an die Reihe komme, aber Frau Franz, die ungefähr drei Köpfe grösser ist als ich, sagt: e Vierlig Schwartemage, bevor ich überhaupt Luft geholt habe. Und sie sagt, sie brauche auch in Zukunft nicht viel mehr Schwartenmagen, weil der Sohn nun endgültig ausgewandert sei.
Er isch jetz Zahntechniker in Argentinie, sagt sie.
Als sie gegangen ist, sagt der Metzger zu seiner Frau: dä weiss, worum dass er so witt furt isch, dä Heilhitlerstrolch.
Ich weiss es nicht.

Ich sehe in der Dammstrasse in Stetten in einem offenen Abfalleimer einen Gipskopf liegen. Ich nehme ihn heraus und entziffere am Hals die Inschrift: MOZART.
Ich klemme ihn auf den Gepäckträger und wasche ihn zu Hause mit Persil.

Roswitha von Rohwedel schreibt in mein Poesiealbum: das Leben ist ein Kampf. Siege.

Meine Mutter weint. Ich sitze mit meinem Bruder auf dem Sofa, sie sitzt am Tisch. Wir schauen sie an, sie schaut uns an und wischt die Tränen aus den Augen. Sie sagt: wenn i euch nit hätt, no wer i scho lang in Rhi. Aber dir sind mini Schutzängel.

Weil am Rhein ist jetzt voller Wissenschaftler, die jeden Tag in einem Autobus mit französischer Nummer über Basel ins Elsass gebracht werden. Dort müssen sie ihre Kenntnisse dem Sieger zur Verfügung stellen, heisst es.
Was für Kenntnisse?
Meine Mutter sagt: das sinn alles Dökter un Profässer. Die müen forsche.
Mein Vater sagt: joo, forsche, wie me no besser ballere cha, wie d'Chugle no schnäller zuem Loch us chömme. Ballistisches Institut. Gang mr ewäg.
Ich glaube nicht, dass Professoren so etwas erforschen. Dann gäb's ja wieder Krieg.

Meine Mutter liest ein Buch. Es heisst: Effi Briest. Sie sagt: die hett au ein mitgmacht.

Mein Vater schmiert meinem Bruder eine, dass er gegen die Wand fällt. Dir will i zeige, wo Gott hockt, schreit er.
Wo hockt Gott? Wo?
Er gibt mir nie Antwort. Obwohl ich bete und bete und bete.

Frau von Mühlen erzählt von ihrer Jugend. Nach jedem Satz sagt sie: ich erinnere mich mit Freuden. Das gefällt mir. Wenn ich alt bin, will ich auch sagen: ich erinnere mich mit Freuden. Auf hochdeutsch.

Mein Vater sagt zu meiner Mutter: dr Geeni isch scho wieder im Loch.
Die Mutter, etwas leiser: wieder wäge Sittlichkeit?
Der Vater nickt.
Die Mutter sagt: dä hett e truurig Läbensläufli.

Von Kirschen träumen oder von trübem Wasser bedeutet nichts Gutes, sagt meine Mutter. Aber ganz schlimm ist es, wenn man von einer Hochzeit träumt. Das bringt kein Glück.
Mein Vater sagt: das stimmt. Nit numme im Traum.

Die zerstörte Eisenbahnbrücke zwischen Weil und Lörrach ist wieder notdürftig aufgebaut. Aber es heisst, wahrscheinlich würde sie bald wieder zusammenkrachen. Mein Vater sagt: i bi gspannt, wie lang dass sie hebt.
Und ich muss im Winter jeden Tag auf dem Schulweg zweimal über diese Brücke fahren. Ich habe Angst.
Bevor der Zug die Brücke erreicht, bremst er ruckartig und fährt im Schrittempo hinüber, ganz langsam.
Ich bete jedesmal im stillen: liebe Gott, bisch so guet un mach, dass die Bruck nit zämmechracht. Die gefalteten Hände verstecke ich zwischen den Knien. Am Ende der Brücke bete ich wieder: liebe Gott, i dank dr, dass die Bruck nit zämmechracht isch. Amen.

Ich habe Geburtstag, bin jetzt endlich elf, und Frau Kieling bringt, eingewickelt in schönes Geschenkpapier, ein Geschenk. Ich spüre gleich, es ist ein Buch, und freue mich. Aber es heisst: Elke lernt bergsteigen.

Den Friedhof liebe ich. Vor allem nach dem Mittagessen. In diesen Stunden ist es still, kaum ein paar Leute. Gleich beim Eingang liegen meine Grosseltern. Alle vier. Bei den Eltern meiner Mutter bleibe ich nur kurz stehen, sie waren nicht gut zu ihr, als sie noch klein war. Bei den Eltern meines Vaters bleibe ich viel länger. Die sinn viel z'guet gsi, sagt meine Mutter.

Ich giesse viele trockene Gräber und spaziere durch die kleine Allee, lese die Inschriften der Grabsteine und rechne aus, wie alt die Leute wurden.

Mein Lieblingsstein befindet sich in der Kinderabteilung. Es ist ein kleiner Stein, auf dem ein Engel sitzt. In seinen Armen hält er ein Kind und deutet in den Himmel hinauf. Das steinerne Kind lächelt.

Zwei Dinge gefallen mir nicht: wenn meine Mutter weint und das Gymnasium.

Buchstaben liebe ich. Zahlen sind mir unheimlich. Aber dass man in dieser Schule jetzt mit Buchstaben rechnen muss, das ist das grösste Unglück in meinem Leben.

Der Herr ist mein Hirte, mir wird nichts mangeln, sagt Tante Frieda zum Abschied zu meinem Vater, indem sie seine Hände in ihre Hände nimmt. Er sagt: no isch jo beschtens. Mir mangle e paar tausig Mark. Seisch ems.

Herr Dr. von Bock stellt sich vor mich und sagt: steh er auf der Doppelzopf und sag er mir das Plusquamperfekt von – und jetzt schreit er – essen. Ich stehe auf, und bevor ich antworten kann, dreht sich von Bock blitzschnell um und schreit: Mayer mit A Ypsilon! Plusquamperfekt von essen.

Mein Vater bringt einen Plattenspieler mit nach Hause. Dazu zwei Schallplatten. Die eine heisst: Draussen in Sievering blüht schon der Flieder. Erna Sack singt. Ich höre das Lied immer wieder und nehme mir vor, Sängerin zu werden.

Zweimal im Jahr kommt Herr Direktor Brändlin aus Basel zur Geschäftsbesprechung. Im Frühling und im Herbst.
Mein Bruder und ich streichen um das schöne schwarze Auto herum, schauen ins Innere, bewundern die hellbraunen Ledersitze und die vielen Uhren und Knöpfe auf dem glänzenden Holzbrett hinter dem Steuerrad. Herr Brändlin sagt: machet mr kaini Doope uffe Lagg, är isch frisch poliert.
Wenn er poliert sagt, klingt es wie policht.
Im Frühling gab er uns einmal zwei Rahmtäfeli. Im Herbst fragte er meinen Vater: hänn d'Kinder gsait, dassene eppis z'Schlägge gää ha?
Zum Glück hatten wir es erzählt, und als Herr Direktor Brändlin wieder abgefahren ist, sagt mein Vater: das isch jetz e Millionär us dr Engelgass vo Basel. Un frogt nach zwei Rahmtäfeli.
Nämmet ech kei Bispiel.

Meine Mutter sagt: bring dr Frau Pfirter e Fläsche neue Wii. Unterwegs muss ich lachen, weil ich daran denke, wie Frau Pfirter ihre Wäsche wäscht. Das weiss ich von Frau Roser. Zuerst macht sie auf dem Herd das Wasser heiss. In der Zwischenzeit stellt sie einen grossen Zuber in die Küche, wirft die dreckige Wäsche und Seifenflocken hinein, schüttet heisses und kaltes Wasser dazu, probiert mit dem Finger, ob die Temperatur stimmt, dann zieht sie sich aus, steigt in den Zuber, setzt sich auf die Wäsche und fängt wie verrückt an hin und her zu rubbeln. Wenn sie meint, nun sei die Wäsche sauber, steigt sie aus und ruft die Nichte. Sie muss nun auch noch in die Brühe.
Und kann sich nicht wehren, weil sie erst neun ist.

Wir müssen einen Aufsatz schreiben: mein schönstes Ferienerlebnis. Ich schreibe von einer grossen Reise an den Bodensee, in einem schönen schwarzen Auto.
Ein paar Tage später müssen wir wieder einen Aufsatz schreiben: mein grösster Wunsch. Ich schreibe, mein grösster Wunsch sei ein schönes schwarzes Auto. Der Lehrer sagt, als er mir den Aufsatz zurückgibt: ich denke, ihr habt ein Auto?
Ich fange an zu weinen.

Bevor Onkel Wilhelm aus Krefeld kommt, wird gewaschen und geputzt, die Mutter sagt: sind joo aständig, wenn er do isch. Wir sind ja anständig. Auch wenn er nicht da ist. Mein Vater sagt: machet kei so Gschiss, dä muess nit meine, dass er öppis Bsunders isch, dä Dorfapostel. Meine Mutter sagt, doch, er sei etwas Besonderes, im Gegensatz zu gewissen anderen Herren. Und dann kommt Onkel Wilhelm, und ich habe nichts als Angst, ich weiss, gleich wird er mich und meinen Bruder wieder prüfen wollen. Und tatsächlich, er fragt: was behandelt ihr augenblicklich in Deutsch? Wie sind eure Zensuren? Er klopft mir auf die Schulter: der 27. Psalm, na? Schon wieder vergessen? Bei meinem letzten Besuch sass er doch noch, der Herr ist – na? Mein Hirte, sage ich. Falsch, sagt er, mein Licht und mein Heil, na ja. Vergesst nicht, dass euer Vater Schulgeld bezahlt. Und schliesslich wollt ihr ja euer Abitur schaffen, oder?

Ich darf nichts sagen und denke: der mit seinem Abitur. Ich kann das Wort schon jetzt nicht mehr hören. Und würde lieber etwas anderes schaffen.

Wenn ich Gott wäre, würde ich mich nicht von jedem anbeten lassen wollen. Schon gar nicht von Herrn Beck, der bereits drei Personen bei der Polizei angezeigt hat. Wegen nichts. Und immer am Fenster hinter dem Vorhang steht.

Und jeden Sonntag in die Kirche rennt.

Wir müssen mit dem Onkel aus Krefeld spazierengehen. Es sind auch einige Motorradfahrer unterwegs. Mein Bruder erkennt die Motorradmarken am Motorengeräusch. Horex, sagt er. Oder Maico. Oder Zündapp.

Der Onkel sagt: lern lieber Wurzeln ziehen oder Vokabeln. Oder willst du etwa Motorradflicker werden? Na also.

Oma Flink wirft immer die Essensreste zum Fenster hinaus. Für die liebe Vögele, sagt sie. Die Schwiegertochter schimpft, sie solle endlich aufhören damit, die Katze warte nur und habe schon drei Vögel geschnappt.
Oma Flink sagt: i mein's jo numme guet.

Tante Hilda hat auf einem grossen linierten Blatt Papier aufgeschrieben, wann und von wo Karli aus dem Krieg geschrieben hat. Für jeden Brief eine Linie. Es sind 18 Linien, die sie beschrieben hat. Zwölf Linien sind noch frei. Seit sieben Jahren.

Endlich darf ich ins Kino. Der grosse Caruso.

Ich gehe schon eine Stunde vorher und habe Glück. Die Warteschlange ist noch klein. Der Kassierer fragt: vorne oder hinte? Ich sage vorne und nehme noch eine Stange VIVIL.

Ich schaue im Vorraum die Bilder an, die an den Wänden hängen. Wunderbare Bilder von Marika Rökk, Grethe Weiser, Dieter Borsche und Rudolf Prack. Bei ihm bleibe ich am längsten, er ist der Schönste. An einem Brett hängen die Bilder des Films, Mario Lanza und Ann Blyth. Ein Traum.

Endlich öffnet einer den Saal, ein Geruch von Bohnerwachs und Seife kommt mir entgegen. Ich weiss nicht, wonach es genau riecht. Vielleicht nach Fotografien? Oder Leim? Es ist ein wunderbarer Geruch, so gut kann es nur im Kino riechen.

Ich renne nach vorne in die erste Reihe und will mich setzen, aber ein Mann sagt: scho

bsetzt. Vier Stühle weiter will ich mich wieder setzen, und wieder sagt einer: bsetzt. Ich gehe in die zweite Reihe, dort ist noch einiges frei, und lasse mich nieder.
Der Saal füllt sich schnell, das Licht erlischt, der Vorhang öffnet sich langsam. Ich habe Herzklopfen.
Ein Gong ertönt, auf der Leinwand wird es grau und fängt an zu rascheln, eine grosse Schrift, schräg über die Leinwand, erscheint: Blick in die Welt. Das ist die Wochenschau. Musik.
Eine laute Herrenstimme brüllt: Konrad Adenauer in Oberammergau. Und ich sehe Konrad Adenauer, umringt von Männern in Lederhosen, er schüttelt viele Hände und winkt. Und dann winken zwei aus einem fahrenden Zug heraus, die Stimme brüllt: Perón und seine Frau Evita auf der Reise in die Nordprovinzen Argentiniens. Die Frau ist blond und hat einen Knoten im Nakken. Verschiedene Herren aus der Politik,

die ich alle nicht kenne, sind zu sehen. Immer winken sie oder geben einander die Hand. Hein ten Hoff, ein Boxer, ist auch zu sehen, er fällt gerade um. Und jemand fährt mit einem Auto, um das ein Kranz geschlungen ist, in einem Saal herum, und die Stimme brüllt: das ist der neue Borgward.

Die Wochenschau endet mit einer schönen Hochzeit: Francos Tochter vor dem Traualtar. Während die wunderbare Braut am Arm eines kleinen Mannes durch die Kirche schreitet, knackt es auf der Leinwand, und man sieht und hört nichts mehr. Es wird hell im Kino, der Vorhang schliesst sich langsam.

Ich starre auf den geschlossenen Vorhang und nehme ein VIVIL in den Mund. Ein Gemurmel geht los, ich schaue nach hinten, alle schauen nach hinten, einige stehen auf, setzen sich wieder. Der Vorhang bleibt geschlossen.

Die Frau neben mir sagt zu ihrer Nachbarin: ich gang nonemol schnäll uffen Abee und drängelt hinaus.
Ich müsste eigentlich auch dringend, doch will ich auf keinen Fall den Anfang verpassen.
Aber es fängt nicht an. Jemand ruft: was isch los? Fanget aa. Andere Stimmen werden laut, schimpfen. Ich stehe auf, schaue nach hinten, schüttle auch den Kopf. Aber es nützt nichts. Die Frau, die neben mir sitzt, kommt zurück und sagt zu der andern: mei, das isch e Sauerei uff däm Abee, guet, dass du nit muesch. Kei Papier un nüt. Un ei Gstank. Was isch, goht's ball los?
Es geht nicht los. Einer ruft: wenn's nit ball losgoht, leg i e Romadur uff d'Heizig. Viele Leute fangen an zu lachen. Ich starre auf den Vorhang.
Jetzt kommt ein Mann nach vorne und will mit einem Sprung auf die Bühne, aber er

rutscht ab, er geht ein paar Schritte zurück, nimmt Anlauf und schafft es wieder nicht. Die Leute fangen an zu grölen, der Mann bleibt unten, stellt sich in die Mitte und brüllt: mr hänn e Panne. D'Hauptbiire vom Vorfüehrgrät isch durebrennt, un e Resärvechaschte hämmer kein. Mr chönne dr Film hütt nümmi laufe loh. 's muess z'erscht öpper uff Offeburg abe go e neui Biire hole.
Ein Riesengejohle, die Leute sind wütend, der Mann schreit, so laut er kann: im Name vo dr Diräktion bliibe d'Itrittscharte gültig, ich cha gopferdammi nüt drfür.
Alle Leute stehen gleichzeitig auf, ich bleibe sitzen, ich kann das gar nicht fassen, ich bin geschlagen und möchte am liebsten weinen. Aber ich muss aufstehen, die Leute drängeln, ich muss hinaus.
Bevor ich das Kino verlasse, atme ich noch einmal tief ein und nehme mir trotz allem vor, Filmschauspielerin zu werden.

Meine Mutter sagt: die armi Frau Stumpf. Herr Stumpf hat sich das Leben genommen. Vorher verprügelte er noch seine Frau, jagte die Söhne in den Garten, schloss sich ein und zertrümmerte die Wohnungseinrichtung. Danach schlug er alle Hühner tot, hackte den Hasen die Pfoten ab und befestigte oben an der Kellertreppe einen Strick. Er legte sich den Strick um den Hals, sprang, und im Sprung spaltete er sich mit einer schweren Axt den Schädel.

Die Pause ist vorüber. Er wird gleich kommen, Herr von Bock. Ich stehe noch am Fenster, als er eintritt. Und schon ruft er: setz dich auf deine vier Buchstaben. Ich setze mich, um sofort wieder aufzuspringen mit den andern, denn das ist ja Vorschrift zur Begrüssung. Hinsetzen also, aufstehen, hinsetzen.

Und ich denke: was machen die in dieser Schule mit den Buchstaben? Sie rechnen mit ihnen, und jetzt verlangt der noch, ich solle mich darauf setzen.

Obwohl man doch viel schönere Sachen machen könnte mit den Buchstaben.

Herrenhemden bügeln, sagt meine Mutter, sei etwas vom Schwierigsten, was es gebe. Das wolle verstanden sein.
Zuerst die Ärmel und die Manschetten. So habe sie es in Genf gelernt. Danach die Querblende zwischen Rücken- und Vorderteil, dann den Rücken und zuletzt die Brustseite und den Kragen. Kragen und Manschetten müssen natürlich gestärkt werden. Aber das Schwierigste sei nun das Zusammenfalten. Das müsse ganz exakt gemacht werden, damit die Hemden schön gerade aufeinanderlägen im Schrank. Eins wie das andere.
Und wenn mein Vater dann im Auto davonbraust, und meine Mutter weiss nicht wohin, sagt sie: jetz haut er wieder ab in sim gstärkte Hemmli.

Ich frage meinen Vater: was hesch gmacht im Chrieg?
Er sagt: nüt.

Wir haben Besuch. Ein Ehepaar und eine alleinstehende Frau. Nach dem Essen gehen wir in den Garten. Während meine Mutter der Ehefrau die Blumen zeigt, umarmt der Ehemann die alleinstehende Frau hinter einem Baum. Sie sieht meinen Blick und legt den Zeigefinger an die Lippen.

Tante Paula sagt: ich könnte mir die Haare ausreissen. Seit zwanzig Jahren will ich einmal zum Oskar reisen, und ausgerechnet heute, wo ich fahren will, ist er gestorben.

Mein Vater sagt: wenn die Flüchtlinge eine Wohnung bekommen, wird die obere Küche zu einem Badezimmer umgebaut. Ich freue mich. Und kaufe für alle Fälle schon einmal Fichtennadeltabletten. Ausserdem ein Badetuch und Aphrodite-Gesichtswasser. Das Geld dafür habe ich teils gespart, teils abgezwackt.
Und ich nehme mir vor, jeden Tag ein Bad zu nehmen. Nicht nur samstags.

Einmal im Jahr kommt Tante Frieda aus Basel zu Besuch. Mein Bruder und ich müssen den Militärmarsch von Schubert vierhändig vorspielen. Bevor wir anfangen, trampt mein Vater ins Zimmer und sagt: jetz goht's los. Tamtatatamta. Und er stampft mit dem Fuss und haut aufs Klavier. Meine Mutter schaut zur Decke und verdreht die Augen. Zum Glück geht mein Vater wieder hinaus, meine Mutter sagt: ich halt das ball nümmi us. Tante Frieda sagt: reg di nit uff, du chennsch en jo. Dä chasch nit ändere. Fanget jetz aa, Chinder.

Ich habe ein schlechtes Zeugnis. Meine Mutter lamentiert und schimpft: die gröschte Dübel schaffe's, un du bringsch sone Zügnis. Do stimmt doch öppis nit.

Ja, da stimmt etwas nicht. Die andern haben bessere Noten als ich und sind trotzdem dümmer. Ich weiss es. Denn wer es in dieser Schule aushält, kann nicht gescheiter sein als ich.

Wenn Frau Deuchler, die Schneiderin, vor mir kniet und die Rocklänge absteckt, den Mund voller Stecknadeln, mache ich die Augen zu, bis sie fertig ist. Ich will nicht sehen, wie neben den Stecknadeln die Spukke hinunterläuft.

Zu meinem zwölften Geburtstag bekomme ich ein Fahrrad geschenkt. Marke Rixe. Sofort fahre ich damit langsam durch die Hinterdorfstrasse, dann durch das Schulgässchen in die Hauptstrasse, biege ab in die Tüllingerstrasse, durch das Kirchgässchen Richtung Eimeldinger Strässchen. Kaum jemand beachtet mich und das neue Fahrrad.

Nur der Osswald bleibt stehen, schüttelt den Kopf und ruft: wo hesch das Velo gstohle?

Ich bin traurig und gehe auf dem Tüllinger spazieren. Ich denke an die Schule, die mir das ganze Leben verdirbt. Ich setze mich unter einen Baum. Nehme ein paar Gräser in die Hand und sehe plötzlich weiter unten viele gelbe Blumen mit langen dünnen Stielen. Ich schaue sie an. Vielleicht sind die giftig, vielleicht stirbt man, wenn man die isst. Ich pflücke einen grossen Strauss und gehe wieder heim.
Meine Mutter ruft, als sie die Blumen sieht: oh, die schöne Blueme. Die cha me ässe. Das isch Habermark.
Habermark macht d'Buebe stark
un d'Maitle fuul
sie hängge 's Muul.

Wenn mein Vater oder meine Mutter mit dem Auto wegfahren, bete ich im stillen: liebe Gott, bisch so guet un mach, dass es kei Zämmestoos git.

Wir haben einen neuen Klavierlehrer. Er ist jung und freundlich. Und kann wunderbar spielen. Für ihn übe ich gerne.
Weil ich ihm auch ein wenig gefallen will.

Mein Vater will, dass ich später badische Weinkönigin werde.
Aber ich will nicht.

Die Sirene heult in der Nacht. Mein Bruder und ich öffnen das Fenster, mein Vater rennt schon durch den Hof, wir rufen: wo brennt's.
Bim Schangi, ruft er, 's brennt alles ab.
Wir ziehen uns an, rasen hinunter, rennen zum Schangi, die Scheune und der Stall brennen lichterloh. Die Leute schreien durcheinander, und die Feuerwehr findet den Wasseranschluss nicht. Ein Mann schreit: 's Vieh rennt Richtig Rieche, un d'Hüehner hocke im Grasgarte uf de Bäum.
Schangi sitzt auf einem Stein, den Kopf in die Hände gestützt, und weint: sie lösche nit, sie lösche nit, mi Läbe isch fertig.
Am nächsten Tag sagt mein Vater: hütt bruuche sie nüt choche. Numme in Grasgarte goh un d'Bäum schüttle. No chunnt ei broote Huehn nachem andere obeabe. Wie im Schlaraffeland.

In Ewigkeit. Amen. In Ewigkeit. Ewigkeit. Ich will mir die Ewigkeit vorstellen und kann nicht. Ich bekomme Herzklopfen und springe aus dem Bett. Ich mache Licht. Ich habe Angst.
Ewig.
Ich glaube, das ist etwas ganz Furchtbares. Das hört nie auf.

Der reiche Freund meines Vaters hat eine Frau und unternahm mit der Freundin eine Reise nach Südamerika. Dort fiel er in den Titicacasee und ertrank. Die Freundin musste alleine heimreisen. Meine Mutter sagt: das chunnt drvo.

Ich frage Fräulein Raviol nach der Religionsstunde in der Schule, was das bedeute, was in Römer 14, Vers 7 stehe: denn unser keiner lebt sich selber, denn unser keiner stirbt sich selber.
Sie antwortet: lern erst mal Deutsch, dann sind solche Fragen überflüssig.

Vreni Meister fiel aus dem Zug und geriet mit den Beinen unter die Räder. Beide Beine mussten amputiert werden.

Herr Meister, der Vater, arbeitet ein paar Tage später bei uns im Garten.

Meine Mutter sagt: gang bring im Herr Meister öppis z'trinke. Ich komme in den Garten, Herr Meister steht, auf den Spaten gestützt, in einem Beet und weint. Er hat ein Taschentuch in der Hand.

Ich schaue ihn an, er sagt, während er auf die Erde schaut: worum losst Gott das zue? Es isch doch erscht 16. Wie soll's jetzt dur 's Läbe goh?

Ich gebe ihm den Wein und nehme mir vor, nicht mehr zu beten.

Wenn sich Herr Mattmüller und sein ältester Sohn verprügeln, fängt Freya an zu schnaufen und zu keuchen, wiegt ihren schweren Körper hin und her und stösst Laute aus wie das Kälbchen in Mosers Stall, das an einem 50 Zentimeter langen Strick an der Wand angebunden ist und nicht sitzen und nicht liegen kann.

Ich spiele Klavier und singe: es war als hätt der Himmel die Erde still geküsst. Aber am liebsten singe ich das litauische Lied von Chopin, das meine Mutter auch so gerne singt:

Schön war der Morgen und hell schien die
Sonne,
fröhlich kam ich von der Wiese gegangen.
Mütterchen sass schon am Fenster und
fragte:
dein Haar ist nass, was hast du
angefangen?
Ich ward so ängstlich, ach so ängstlich,
wusste wusste nichts zu sagen.
Feucht ward mein Haar, da Wasser ich
getragen.
Das ist nicht Wahrheit, das ist nicht
Wahrheit,
bist gegangen in des Frührots Stunden,
hast dort im Feld den Geliebten gefunden.
Ach ja, ach ja, liebste Mutter,
will dir's eingestehen,

er wollt bei Tagesanbruch gern mich
sehen.
Hielt mich auf so lange,
sprach von Lieb' und Sehnen
und dabei und dabei
wurden feucht mir Haar und Wangen,
feucht von seinen Tränen.

Um sechs Uhr muss ich daheim sein. Jetzt ist es sieben Uhr. Und bei Uta ist es so schön. Ich habe Herzklopfen. Ich sage einfach, es sei ein Hund überfahren worden und nicht ganz tot gewesen und sei noch weitergesprungen und habe ein Auge verloren und Herr Sütterlin habe gesagt, ich müsse das Auge suchen.

Wenn ich sage, es sei schön gewesen bei Uta, schimpfen sie. Ich weiss es. Wenn ich lüge, schimpfen sie nicht. Das weiss ich auch. Schon lange.

Einmal im Monat trage ich Zeitungen aus. 19 Exemplare. Nur zwei der Abonnenten haben einen Briefkasten. Bei den andern lege ich die Zeitung vor die Tür oder stekke sie zwischen Fenster und Fensterladen, bei einigen klopfe ich an. Nicht alle rufen: herein, aber viele. Und ich bin froh. Ich sitze gerne bei Leuten herum, auch wenn sie mich ausfragen. Zum Beispiel, was mein Vater eigentlich arbeite. Und ich sage, mein Vater sei Kaufmann.
Soso, Kaufmann seit me däm, sagt Herr Moser und nickt und lächelt.
Zweimal im Jahr muss ich einkassieren. Im Frühling und im Herbst. Ich bekomme vorgedruckte Quittungen, auf denen steht: Evangelisches Kirchenblatt für Oberbaden. 1 Mark. Der Erheber. Unter das Wort Erheber muss ich meinen Namen schreiben. Mit Tinte. Wenn ich kassiere, sagt Herr Moser: der Erheber chunnt. Meistens gehe ich am Abend kassieren. Manche sagen,

sie hätten momentan kein Geld, ich solle nächste Woche wiederkommen. Und Herr Frisch sagt zu seiner Frau vom Sofa aus, auf dem er liegt: hesch dä Schissdräck immer nonig abbstellt? Man nennt ihn den Frosch, weil seine Augen wie zwei Kugeln aus dem Kopf heraushängen. Man könnte sie leicht mit einer Schere abschneiden.
Frau Ehnin gibt mir regelmässig 20 Pfennig Trinkgeld, obwohl sie selber fast nichts hat. Und Frau Kilian Eier, obwohl wir selber Hühner haben.
Frau Dietrich spricht pfälzisch: kumm nei, Kindsche, willsch e Glas Sprudel? Ich sage nicht nein, und sie sagt: hock na. Do, guck die Heftsche aa. Und sie schiebt mir einen Stapel Illustrierte über den Tisch und zündet sich eine Zigarette an. Die Heftchen schaue ich gerne an, vor allem die Film-Revue. Einmal frage ich, ob ich ein Bild von Rudolf Prack ausschneiden dürfe, und Frau Dietrich holt eine Schere und sagt:

do, schneid aus, de Adrian Hoven kannsch au ausschneide. Aber ich will nur Rudolf Prack.

Der alte Schwörer liegt immer auf der Holzbank hinter dem Tisch, wenn ich komme. Hebt kurz den Kopf und lässt ihn wieder fallen. Frau Schwörer sitzt am Tisch und füllt Sport-Toto-Formulare aus. Der junge Schwörer sitzt auf dem Sofa, das linke Ohr ganz nah am Radio, wie im Krieg. Alle sind Kettenraucher. Die Männer rauchen Reval, die Frau Eckstein. Den Alten sieht man nicht, nur den Rauch, der hinter dem Tisch aufsteigt. Und er sagt: siehst du die Gräber im Tal, sie rauchten alle Reval.

Bei Furrers versuche ich immer, einen Blick ins Schlafzimmer zu werfen. Es heisst, dort drinnen hingen Seidentapeten an den Wänden, auf die der Grossvater persönlich Rosen gemalt habe. Aber die Tür zum Schlafzimmer ist immer geschlossen. Ich hoffe

jedesmal, Frau Furrer einmal krank anzutreffen. Im Bett im Schlafzimmer.
Komme ich zu Ludwigs, öffnet meist er. Man nennt ihn den Zehentänzler, weil er so elegant geht. Seine Frau ist einen Kopf grösser als er.
Marie Brand kann nicht richtig sprechen. Es heisst, sie habe kein Halszäpfchen mehr. Aber sie spricht ununterbrochen: ön ätte ütt, äll. Das heisst: schönes Wetter heute, gell.
Ungern klopfe ich bei der dicken Frau Schwarz. Sie grüsst nicht, lässt mich vor der Tür stehen und gibt mir wortlos das Geld. Ich weiss nicht, was da los ist.
Die Geschwister Brenneisen sind schon alt und leben, seit sie leben, im Elternhaus. Sie sprechen nicht mehr miteinander. Er sitzt immer auf der Kunst. Auch im Sommer. Sie am Fenster. Wenn ich komme, deutet sie auf ihren Bruder, dann an ihre Stirn und sagt: das isch e ganz böse Teufel. Hütt morge hett er mr e Brotwurscht nogwor-

fe. Dört litt sie no im Ecke. Und der Bruder winkt mich zu sich, zieht die Hosenbeine hoch und sagt: lueg dr emol das aa. Ich erschrecke, seine Beine sind dick und dunkelblau und an den Waden voller Ausschläge. Ich frage, warum er sie nicht verbinde, aber er winkt nur ab. Die Schwester sagt: er cha sich nümme bucke. Un mi losst er jo nit dra.

Am liebsten gehe ich zu Fräulein Bamberger. Sie lebt alleine und hat eine hohe, helle Stimme. Wenn sie spricht, klingt es wie Gesang. Durch einen dunklen Vorraum kommt man in ihr Stübchen. Der Tisch steht am Fenster, und der Blick fällt direkt auf das Bammerthäuschen. Auf dem Tisch liegen immer ein paar aufgeschlagene Bücher und Briefpapier. Auch Tinte und Feder und Bleistifte. An der Wand ein hohes Bücherregal ohne Glasscheibe. Fräulein Bamberger fragt jedesmal: wie goht's dinere liebe Mueter, grüess sie härzlich.

Hess, im Haus nebenan, ist Leichenwäscher, und es heisst, wenn ein schönes Mädchen stirbt, brauche der Hess dreimal so lange wie sonst, und überhaupt sei es besser, man wisse nicht so genau, was sich dann und wann in der Leichenhalle abspiele. Warum wäscht man Leichen? Ich verstehe das nicht. Und wenn ich frage, heisst es, das sei halt so.
Herr Baumann gibt mir das Geld, ich gebe ihm die Quittung, er knüllt sie zusammen, wirft sie in die Nähe des Ofens. Und sagt: so, das wär au erledigt.
Bei Anneli, Tante Hilda, Hildeli und Onkel August mache ich immer Pause.
Tante Hilda ist die Schwester meines Vaters und sitzt meistens auf der Kunst. Seit Karli vermisst ist, hat sie allen Lebensmut verloren. Und hofft doch immer noch. Er wäre jetzt schon 28. Mit zwanzig musste er fort. Onkel August schweigt. Und ist doch immer freundlich. Er ist Kassierer beim Ge-

wässerschutzverband, wie schon sein Vater. Der Kassenschrank steht im Schlafzimmer neben den Ehebetten. Wie vor 50 Jahren. Und vor fünfzig Jahren, als Onkel August mit seinem Vater aufs Feld ging und die Mutter daheim blieb, kam ein Mörder und erwürgte sie. Damit sie nicht schreie, stopfte er ihr ihre schönen langen Haare in den Mund. Zwei Jahre später bekam Onkel August eine Stiefmutter, und drei Jahre später brannte alles ab. Und nun hat er noch Karli verloren.

Zum Glück hat er Hildeli und Anneli. Sie arbeiten für drei und können alles. Melken, heuen, pflügen, die Matten wässern, mähen, sägen, kochen, nähen, sticken. Und schön singen. Anneli ist im Kirchenchor und singt Sopran. Immer bevor Herr Dirigent Kern die Hände hebt, gibt er leise den Ton an: mmmmmmm. Wenn sie drei- oder vierstimmig singen: ich bete an die Macht der Liebe, friere ich vor Glück.

Nach einer halben Stunde Pause und einer guten Butterschnitte muss ich weiter. Es fehlen noch vier, bei denen ich einkassieren muss.
Frau Gmelin, Frau Spitz, Frau Sauer und Ammanns.
Frau Sauer sagt: chumm ine. Viel mehr sagt sie nicht. Sie ist zur Zeit völlig mit den Nerven fertig. Es ist erst drei Wochen her, da rief sie ihren Mann, der im Schopf war, zum Essen. Aber er antwortete nicht. Sie rief etwas lauter und dann etwas strenger, aber er antwortete noch immer nicht. Sie ging in den Schopf und sah ihren Mann hinten beim Spaltklotz stehen und wurde nun wütend, weil er immer noch nichts sagte. Sie gab ihm einen Stoss, damit er endlich etwas sage, aber Herr Sauer sagte nichts mehr, sondern baumelte hin und her, weil er zirka fünf Zentimeter über dem Boden an einem Strick hing und seit einer halben Stunde nicht mehr lebte. So hatte es

Frau Frank meiner Mutter erzählt. Und nun ist es das beste, ich sage auch nicht viel.

Bei Ammanns ist nur er daheim, da bleib ich lieber draussen. Er kann es nicht lassen, an mir herumzufingern. Das will ich nicht. Und weil ich nicht hineingehe, kommt er heraus, reisst die Augen auf und sagt: bisch gwachse sitt em letschte Mol, aha, jetz spriesse langsam d'Püpple, gäll. Das freut mi. Dann gibt er mir das Geld in die Hand und kitzelt mich gleichzeitig mit dem Zeigefinger innen in der Hand. Ich bin froh, dass ich weiterkomme.

Von Frau Spitz erzählen sie, sie habe am 8. Mai 1945 einen Brief von einem Unbekannten erhalten. Und in dem Brief habe es geheissen, ihr Mann sei auf der Flucht vor dem Feind von hinten erschossen worden. Frau Spitz legte Trauer an und weinte viel. Sie wurde Kettenraucherin und suchte Arbeit. Sechs Jahre später machte sie mit ihrer Freundin einen Ausflug nach Strass-

burg. Sie besichtigten das Münster und stiegen auf den Turm. Auf der schmalen Wendeltreppe zum Turm zwängten sich ein Mann und eine Frau in entgegengesetzter Richtung an Frau Spitz vorbei. Frau Spitz sieht dem Mann in die Augen, erkennt ihn, schreit, der Mann flüchtet, es ist Herr Spitz. Frau Spitz hört nicht auf zu schreien, verliert die Besinnung, und als sie wieder zu sich kommt, liegt sie, umgeben von fremden Leuten, auf einer Bahre im Seitengang des Strassburger Münsters. Sie sagt: er lebt, ich muss ihn finden. Und sie fand ihn.
Er lebte mit einer neuen Frau im Elsass und wollte von der alten nichts mehr wissen.
Und an diesem Tag habe sie umgesattelt. Von Filterzigaretten auf schwarze ohne Filter.
Es wird schon stimmen. Denn immer, wenn ich zu ihr komme, raucht sie. Und in der Küche ist ein einziger Nebel.
Frau Gmelin öffnet mir und nickt nur stumm. Sieht mich lange an und lächelt.

Ich verstehe den Blick nicht, und meine Mutter sagt, das käme daher, weil ich sie an das Hannele erinnere.

's Hannele isch gstorbe, wo's so alt gsi isch wie du.

Sextra, Quinta, Quarta, Untertertia, Obertertia, Untersecunda, Obersecunda, Unterprima, Oberprima, Das sind neun Jahre. Drei habe ich. Noch sechs also. Um nichts in der Welt bleibe ich noch sechs Jahre in dieser Schule bei diesen Lehrern. Lieber hänge ich mich auf. Wie Herr Sauer. Und Herr Weber. Und Herr Stumpf.

Mein Vater sagt: morn chunnt e Prinz vo Genf zuem Esse. Geschäftlich. Also, 's Silber uffe Tisch, aständig aazieh un so witter.
Am nächsten Tag warten wir in der Stube auf die Ankunft des Prinzen. Mein Vater geht bereits im Hof auf und ab.
Der Tisch ist gedeckt, das Essen bereit.
Endlich fährt ein ganz gewöhnliches Auto vor, ein ganz gewöhnlicher Mann steigt aus.
Mein Vater kommt mit ihm in die Stube und sagt: bitte, Durchlaucht, nämme Sie Platz. Und gibt meiner Mutter und uns Kindern ein Zeichen hinter dem Rücken des Prinzen, indem er die Augen aufreisst. Ich weiss nicht, was er meint.
Die Unterhaltung ist teils hochdeutsch, teils französisch. Die Mutter holt die Suppe, und der Vater sagt zu uns: so, jetz zeiget emol, was dr glehrt hänn in dr Schuel. Redet französisch, für was zahl i Schuelgäld.

Und zum Prinzen gewandt: parlez français avec les enfants, sie verstöhn alles. Zum Glück kommt die Suppe, und wir beginnen zu essen. Der Prinz fängt an zu schlürfen und isst sehr unanständig. Sein Schal hängt in die Suppe, und mein Vater schaut meine Mutter an und lacht zufrieden, als ob er sagen wolle: das gfallt mr.
Die Mutter und ich tragen die Suppenteller ab, und als wir in der Küche sind, kommt mein Vater, um eine neue Serviette für den Prinzen zu holen.
Meine Mutter sagt: was sott das sii? E Prinz? Das isch e Hochstapler un suscht nüt. Wo hesch dä uffgläse?
Mein Vater sagt: nämmet ech joo zämme und geht zurück in die Stube.
Meine Mutter umarmt mich und sagt, indem sie auf die Erde schaut: wie cha e Mänsch numme so blöd si wie ich. Immer wieder fall i uff en ine. Immer wieder.

Von Bock sagt: morgen schlagen wir ein neues Kapitel auf. Hellas' Sonne. Die griechische Götterlehre. Das ist der Grundstein der humanistischen Bildung, da werden euch die Ohren schlackern.
Ich freue mich. Endlich ein neues Kapitel. Keine Eiszeit, keine Bronzezeit mehr. Keine Knochen, keine Gürtelschnallen, keine alten Vasen mehr. War das alles langweilig.
Meine Mutter sagt: du chasch Gott danke, dass du das alles lehre darfsch, du undankbar Muschter.

Die schönsten Sagen des klassischen Altertums finde ich nicht schön.
Ist das schön, wenn ein Vater seinen Sohn absticht und ihn den Göttern zum Essen serviert? Ist das schön, wenn ein Grossvater seinen Enkel in eine Kiste sperren und ihn ins Meer werfen lässt? Ist das schön, wenn einer an einen Felsen angeschmiedet wird und ein Adler täglich seine Leber frisst? Ist das schön, wenn ein Sohn seinen Vater verstümmelt? Ist das schön, wenn einer seine Kinder frisst? Ist das schön, wenn einer einen andern an zwei zusammengebogene Bäume bindet und diese auseinanderschnellen lässt? Ist das schön, wenn einem, der zu gross ist für das Gastbett, die Füsse abgehackt werden? Ist das schön, wenn einem, der zu kurz ist für das Gastbett, die Glieder gedehnt werden? Ist das schön, wenn einer einem Verletzten eine brennende Fackel in die offene Wunde stösst? Ist das schön, wenn eine Mutter ihre Kinder erwürgt?

Ist das schön, wie der Gott der Götter, der Hüter des Rechts, der Wächter der sittlichen Ordnung herrscht?
Prahlen, betrügen, vergiften, abschlachten, hetzen, täuschen, vergewaltigen, umzingeln, peinigen, aufhängen, spalten, vernichten, entzweien, verderben, bestechen, vertreiben, steinigen, schmoren, erschrecken, zerdrükken, ersäufen, abhacken, blenden, stechen, verstümmeln, fesseln, einsperren, anschmieden, brennen, auseinanderreissen, verfluchen, ausliefern, zerfleischen, verschlingen, ersticken, bohren, schänden, verbannen, rauben, köpfen, verfolgen, entführen, verraten, verjagen, annageln, verwüsten, fangen, entwürdigen, verheeren, verwunden, hintergehen, bestechen, vierteilen.
Das sind die hauptsächlichsten Beschäftigungen der griechischen Götter und Helden.
Was ist daran schön?

Immer heisst es: was dänke ägscht die andere?
Und immer heisst es: bisch aständig.
Aber warum schütteln sie die Köpfe, wenn ich frage, warum man lernen muss, wie unanständig die griechischen Götter waren? Und es doch immer heisst, die 10 Gebote seien das höchste Ziel. Bei den griechischen Göttern ist das höchste Ziel das Gegenteil von dem, was in den 10 Geboten steht. Meine Mutter schüttelt den Kopf und schaut an die Decke. Sie sagt: das ghört zue dr Bildig, das muesch lehre, suscht blibsch hocke.
Ich frage Frau Dr. Bollmann. Sie schüttelt den Kopf und sagt: aber Kind, ich bitte dich, das sind doch nur Gleichnisse.
Ich frage: was für Gleichnisse?
Sie sagt: stell dich nicht so an, Gleichnisse eben.
Ich bin allein.

Ich begleite Olga nach Hause. Sie wohnt im Behelfsheim am Bahndamm.
Schon von weitem sehe ich ihren Mann, er lehnt am Eingang und raucht. Als er uns bemerkt, verschwindet er im Haus. Olga und ich steigen die Treppe hinauf und kommen in das einzige Zimmer, das ihre Wohnung ist. In der Mitte steht der Tisch, in einer Ecke der Herd, ausserdem drei Betten und ein Schrank. Wasser gibt es auf dem Flur. Der Mann sitzt am Tisch und sagt: ah, hooche Bsuech, sitz ab. Olga stellt ihre Tasche auf den Tisch, zieht die Jakke aus und eine Schürze an. Während der Mann mit mir spricht, öffnet er Olgas Tasche, fängt zu wühlen an. Er zischt: keini Zigerette?
Olga huscht mit einem Eimer auf den Flur hinaus. Ich schaue mich um, auf dem Schrank liegt ein Gipsbein. Ich weiss von Olga, dass ihr Mann diese Gipshülle immer dann überstülpt, wenn Arbeit in Aus-

sicht ist. Hinkend, auf zwei Stöcke gestützt, zeigt er sich dann am Arbeitsplatz und stöhnt. Muss er zum Arzt von Amtes wegen, nimmt er ein kleines Beil und bringt sich Verletzungen an Schulter oder Schenkel bei. Das Beilchen hängt, getragen von zwei Nägeln, an der Wand. Auch eine dunkle Brille nimmt er oft zu Hilfe. Eines Tages sagte er, er werde blind, setzte die dunkle Brille auf, überklebte ein Glas mit Heftpflaster und liess sich durch die Strassen führen. Von Olga. Nach einer Woche sagte er, er werde noch nicht blind. Sie könne wieder arbeiten gehen.

Während ich an all das denke, nimmt der Mann aus dem vollen Aschenbecher eine Kippe nach der anderen heraus, entfernt das Papier und schüttelt den Tabak auf eine Zeitung.

Plötzlich springt er auf, reisst die Tür auf, pfeift zweimal kurz und stellt sich mit verschränkten Armen vor den Schrank. Die

beiden Bübchen kommen, drei und fünf Jahre alt, und schauen ihren Vater an. Er sagt: jetz zeiget emol, was dr chönnet. Und brüllt: still-gestanden. Die Kinder stehen stramm, die Händchen an der Hosennaht, die Augen aufgerissen.
Und eins und zwei und drei und vier.
Die Kinder marschieren um den Tisch herum.
Haaaalt – keeehrrrt – ummmm.
Und sie kehren um.
Und eins und zwei und drei und vier – haaaalt.
Sie halten an, die Händchen wieder an der Hosennaht.
Der Alte hat nun keine Lust mehr und sagt leise: abträtte, los, verschwindet.
Sie verschwinden, ich hinterher, Olga steht am Wasserhahn, sie schaut mich an, ich schaue sie an, renne die Treppe hinunter, den Bahndamm entlang, über die Eisenbahnbrücke, am Bunker vorbei, beim Kino

um die Ecke, über die Strasse ins backsteinrote Haus der Polizei hinein.
Der Polizist sagt: erstens bist du minderjährig, also gar nicht aussagefähig, und zweitens soll die betreffende Dame selbst vorsprechen. Bis jetzt kam sie nicht. Also wird es halb so schlimm sein.

Von Bock sagt, er stelle in meinen Aufsätzen einen Einfluss des Dialektes fest, ein Vokabularium, das eher an Kauderwelsch denn an die reine deutsche Sprache erinnere. Ich müsse endlich lernen, die Sprache zu packen. Das Mass sei voll.
Ich sage nichts. Und denke: die Sprache packe ich nicht. Höchstens meine Sachen.

Manchmal gehe ich auch gegen Abend auf den Friedhof. Dann treffe ich Herrn und Frau Eichin. Obwohl sie noch leben, haben sie sich bereits ein schönes Doppelgrab gekauft und einen Grabstein, auf dem ihre Namen und das Geburtsdatum zu lesen sind. Rechts und links vom Grabstein hat Herr Eichin Buchsbäumchen gepflanzt.
Frau Eichin kann nicht mehr gehen, und ihr Mann hat für sie einen Fahrradanhänger mit Sitzbank konstruiert. Dort sitzt Frau Eichin und hält sich links und rechts fest. Herr Eichin fährt bis zum Grab, hebt seine Frau vorsichtig aus dem Anhänger und setzt sie auf den Randstein des Grabes. Sie zupft das Unkraut aus, er wäscht den Grabstein.
Ich giesse das Nachbargrab, weil ich so gern in ihrer Nähe bin. Wenn Herr Eichin mit der gefüllten Giesskanne vom Brunnen zurückkommt, sagt Frau Eichin: do bisch jo wieder. Und Herr Eichin sagt: jä, Luisle. Gäll, 's isch nit lang gange.

Mein Bruder und ich müssen mit den Eltern spazierengehen. Ich gehe nicht gerne mit den Eltern spazieren.
Im Käferholz sagt mein Vater: passed numme uff, do hett's Wildsäu. Meine Mutter bleibt stehen, schüttelt den Kopf und sagt: muesch eim wieder Angscht mache, chasch's nit loh?
Am Waldrand setzen wir uns, ich lege mich etwas abseits ins Gras und denke: Wenn ich nur alleine wäre und fünf Jahre älter. Und Rudolf Prack käme und würde sich ganz langsam über mich beugen und sagen: ich liebe dich.

Während des Mittagessens schaue ich meine Eltern an. Sie sind stumm. Wahrscheinlich denkt jetzt meine Mutter, was denkt er jetzt, und er wird denken, was denkt sie jetzt.
Ich frage: was dänket dr?
Mein Vater sagt: nüt.
Die Mutter schweigt.

Judica, der Morgen meiner Konfirmation. Die ersten Gäste sind schon am Abend vorher eingetroffen, ein grosses Kommen und Gehen im ganzen Haus. In der Küche sitzt der alte Onkel Frieder und schaut der Köchin zu. Hardi Weiss, der alte Nachbar, kommt auch vorbei, um Glück zu wünschen. Sowohl der Onkel als auch Hardi hören nicht mehr gut. Der Onkel fragt: sinn dir vo do? Und Hardi lacht und sagt: also guet, stosse mer aa. Nei, sagt der Onkel, ich gang scho lang nümme in d'Chille. Hardi winkt ab: e halbe Hektar. Der Onkel lacht: die Axt im Haus erspart den Zimmermann. Und Hardi nickt und sagt: no zwee. Dr dritt isch im Chrieg bliebe.

Nach dem Konfirmationsgottesdienst stehen wir noch eine Weile vor der Kirche herum. Es ist kühl, und ich friere ein wenig in meinem neuen schwarzen Kleid. Zum erstenmal in meinem Leben habe ich Nylonstrümpfe an und Angst vor einer Laufmasche.
Der Onkel aus Krefeld nimmt mich zur Seite und sagt: du hast heute bestätigt, dass du eine Christin bist. Ein neuer Abschnitt deines Lebens hat begonnen.
Während er spricht, denke ich an etwas anderes, vor allem an die Sonne. Kommt sie oder kommt sie nicht? Ich schaue in den Himmel, der Onkel sagt: ja, dort hinauf sollen sich deine Blicke wenden, vor allem in den Jahren, die nun vor dir liegen. Du stehst in deinem 15. Jahr, die Natur tut ihre Pflicht, und deshalb merke dir eines: das höchste Gut, das du besitzt, ist deine Unschuld.
Er legt seinen Arm um meine Schulter, und es schüttelt mich ein wenig.
Und ich denke an Psalm 12, Vers 4.

Mein Vater sagt: dr Garte muess ewäg. Mr bruuche Parkplätz. Das kommt daher, weil er jetzt ein Autoreifengeschäft eröffnet.
Und ein grosser Bagger reisst den Garten auseinander, fällt die Bäume, überrollt die Ligusterhecke, fährt auf die Himbeeren los, reisst die Brombeersträucher von der Mauer, stampft die Rosen in den Boden.
Ich stehe am Fenster und weiss: nit nur dr Garte muess ewäg.

Meine Eltern lassen sich scheiden. Ich bin froh. Sie machen sich das Leben schwer und haben keine Freude mehr.
Ich werde mit der Mutter gehen, weil sie alleine ist.
Der Vater hat zum Glück schon eine neue Braut und ist nicht ganz alleine, wenn wir gehen.
Wohin?
Das wissen die Götter, sagt meine Mutter.
Die Götter. Ich sage nichts.
Und gehe auf Wohnungssuche.

Ich habe eine Geschichte gelesen. Sie heisst: Der Mantel. Von Nikolaj Gogol.
Es ist die Geschichte eines kleinen, rothaarigen, scheuen Mannes, dessen Beruf Abschreiber war. Ein Beamter fürs Abschreiben. Sein Leben lang sass er auf ein und demselben Platz in ein und demselben Kontor und schrieb Akten ab. Er liebte seinen Beruf, weil er die Buchstaben liebte.
Zum erstenmal in meinem Leben lese ich, dass jemand die Buchstaben liebt. Und das vor allen Dingen gefällt mir.
Abschreiben war seine Freude. Und wenn er nichts mehr abzuschreiben hatte, schrieb er das, was er soeben abgeschrieben hatte, noch einmal ab.
Gewisse Buchstaben liebte er besonders, er zwinkerte ihnen zu und geriet fast aus dem Häuschen, wenn sie an die Reihe kamen. Er schrieb mit Sorgfalt, und wenn er müde geworden war, legte er sich ins Bett

und lächelte beim Gedanken an den nächsten Tag: was wird Gott morgen zum Abschreiben schicken?
Die anderen Beamten im Amt lachten ihn aus und machten Witze über ihn, manche stiessen ihn am Arm oder hinderten ihn, sich mit seiner Arbeit zu beschäftigen. Sie streuten ihm Papierschnitzel auf den Kopf und riefen: es schneit, sie erzählten sich in seiner Gegenwart allerhand erfundene Geschichten über ihn, und nur wenn ein Spässchen ganz unerträglich wurde, rief er wie ein Verwundeter: warum beleidigt ihr mich?
Etwas Seltsames lag in diesen Worten, etwas, was er nicht ausgesprochen hatte. Die Worte: bin ich nicht euer Bruder?
Der scheue Beamte war arm und hatte nur einen alten, abgeschabten, dünnen Mantel. Und sein grosser Feind war der Frost.
Der Schneider weigerte sich, den alten Mantel noch einmal auszubessern. Er sag-

te: ich kann keine Flecken mehr unterlegen, sie können sich nirgends mehr festhalten, alles ist morsch. Wie soll ich etwas aufnähen? Die Nadel sticht ins Leere.
Nur einen neuen Mantel wollte der Schneider nähen. Als der scheue Beamte das hörte, erschrak er und ging vollständig vernichtet nach Hause. Wie sollte er das Geld für einen neuen Mantel aufbringen?
Er fing an zu rechnen und zu sparen. Verzichtete auf den Genuss von Tee am Abend, zündete keine Kerze mehr an, ging möglichst leicht und vorsichtig auf den Strassen, fast auf den Zehenspitzen, um auf diese Weise die Sohlen nicht vorzeitig durchzulaufen. Und er lernte, an den Abenden zu hungern.
Er lebte nur noch für den Mantel. Manchmal leuchteten seine Augen auf, er wurde sogar kühn und frech in seinen Gedanken, wenn er sich fragte: sollte man den Mantel nicht mit Marder besetzen?

Er bat im Amt um vorzeitige Gratifikation, und entgegen aller Erwartung erhielt er sie.
Nun musste er nur noch zwei, drei Monate ein bisschen hungern. Dann war es soweit: er ging mit dem Schneider den Stoff kaufen, sehr schönen. Marderfell war doch zu teuer, sie kauften ein Katzenfell, das beste, was es gab, und aus der Ferne sah es aus wie Marder.
Nach zwei Wochen erschien der Schneider mit dem neuen Mantel. Es war wahrscheinlich der glücklichste Augenblick im Leben des scheuen Beamten.
Der Mantel sass vollkommen. Zusammen mit dem Schneider verliess der scheue Beamte das Haus, um auf der Stelle in sein Büro zu gehen. Der Schneider blickte dem Mantel lange nach, bog dann schnell in ein Seitengässchen, lief durch ein anderes Gässchen wieder auf die Strasse, um seinen Mantel noch einmal von vorne zu sehen.

Der scheue Beamte bemerkte ihn nicht, er ging in einer anderen Welt.
Im Kontor liefen alle zusammen, grüssten ihn, beglückwünschten ihn, und einer lud ihn sogar zu einem Abend ein, den er aus Anlass seines Namenstages geben wollte. Nach einigem Zögern nahm der scheue Beamte die Einladung an, freute sich sogar bei dem Gedanken, den Mantel auch einmal am Abend zu tragen. Er war schon viele Jahre abends nicht mehr auf der Strasse gewesen.
Der Abend war laut und lärmig, nach einigen Stunden stahl sich der scheue Beamte leise aus dem Zimmer, nahm seinen Mantel und verliess das Haus.
Er ging in fröhlicher Gemütsverfassung durch die Strassen, näherte sich bald einem Platz, der wie eine schreckliche Wüste vor ihm lag.
Und dann wurde er überfallen und seines Mantels beraubt. Als er wieder zu sich

kam, lag er im Schnee und spürte nichts mehr. Entsetzt, unermüdlich schreiend lief er über den Platz auf das Wächterhäuschen zu, aber der Wächter hatte nichts gesehen.

Weder der Revierinspektor noch der Quartalinspektor, noch der Titularrat konnten ihm helfen, und so wandte er sich auf Rat eines Kollegen an eine bedeutende Persönlichkeit, mit deren Hilfe der scheue Beamte hoffte, seinen Mantel wiederzufinden. Aber die bedeutende Persönlichkeit beschimpfte ihn, wies ihn zurecht, beleidigte ihn, und zu guter Letzt wurde er hinausgejagt.

Der scheue Beamte wurde krank vom Frost und vom Wind. Der Doktor kam und sagte zu der Nachbarin, die am Bettende stand, sie solle schon einmal einen Föhrensarg bestellen. Eiche sei zu teuer.

Ob der Kranke diese Worte hörte, ist nicht bekannt. Er fieberte und phantasierte, er sah in seinen Phantasien einen Mantel mit

Fallen für Diebe, er führte unflätige Reden und lästerte Gott. Und starb.
Und begab sich weiter auf die Suche nach seinem Mantel. Nachts erschien er auf der Brücke, riss allen die mit Pelz gefütterten Mäntel von den Schultern, Wächter wurden hinausgeschickt, den Toten zu verhaften, aber die Wächter schlotterten vor Angst und mieden die Brücke. Und eines Abends fuhr jene Persönlichkeit, die den scheuen Beamten unter Drohungen und Beschimpfungen hinausgejagt hatte, in einem Schlitten über die Brücke. Und spürte plötzlich, wie ihn jemand am Kragen packte, und mit Entsetzen erkannte er den scheuen Beamten, dessen Gesicht weiss wie der Schnee war und aus dessen Mund sich Grabesgeruch verbreitete.
Deinen Mantel brauche ich, sagte der scheue Beamte. Die Persönlichkeit riss sich in Todesangst den Mantel von den Schultern, und von diesem Augenblick an erschien der

Tote nicht mehr, obwohl einige behaupteten, er erscheine immer noch.

Diese Geschichte vergesse ich nicht mehr. Ich habe sie viermal gelesen. Und eine Art Sehnsucht hat mich ergriffen. Ich will nach Russland. Weit weg von Weil. Ich schreibe einen Brief an den höchsten Russen, den es zur Zeit gibt:

Sehr geehrter Herr Präsident Malenkow,
entschuldigen Sie, dass ich an Sie persönlich schreibe, aber ich kenne keinen Menschen in Russland und möchte trotzdem kommen. Ich möchte Sie höflichst bitten, meinen Brief weiterzuleiten, bestimmt gibt es auch einen Übersetzer, da ich noch nicht Russisch kann.
Es handelt sich darum, dass ich eine Stelle im Haushalt suche, am liebsten bei einer Familie mit drei vier Kindern. Ich möchte Russisch lernen in Wort und Schrift und

dafür arbeiten. Ausser kochen kann ich alles, was im Haushalt vorkommt. Lohn will ich nicht. Nur Kost und Logis. Für Ihre Hilfsbereitschaft danke ich hochachtungsvoll.

Diesen Brief schickte ich vor drei Monaten ab.
Ich habe noch keine Antwort.

EPILOG

Liebe Mama!
ich habe Froide, weil ich bei Elsi schlafen darf. Sie haben Kuchen gebacken und ich durfte die Schüsel ausschlecken. Es schneit nicht mehr. Viele Grüse von Hilde.

Diesen Brief schrieb ich im selben Jahr, in dem ein anderes Kind auch einen Brief schrieb: Chaim aus Sedziszów, Galizien.

Meine lieben Eltern!
Wenn der Himmel Papier und alle Meere der Welt Tinte wären, könnte ich Euch mein Leid und alles, was ich rings um mich sehe, nicht beschreiben.
Das Lager befindet sich auf einer Lichtung. Vorgestern sind zwei Buben ausgebrochen, da hat man uns in eine Reihe gestellt, und jeder fünfte der Reihe wurde erschossen.

Ich war nicht der fünfte, aber ich weiss, dass ich nicht lebend von hier fortkomme. Ich sage allen Lebewohl, liebe Mama, lieber Papa, liebe Geschwister, und ich weine …

GLOSSAR

aa, an
aazieh, anziehen
ab, weg, fort
abchratze, abkratzen, säubern
abe, hinunter
Abee, Abort
abgeh, abgeben
abträtte, abtreten
ägscht, wohl
Änd, Ende
ändere, ändern
ane, hin, zu
äne, drüben
ässe, essen
au, auch

bäcke, hacken
ball, bald
bätte, beten
biige, stapeln
Biire, Birne
bliibe, bleiben
broote, gebraten
bruuche, brauchen
Bsuech, Besuch
bucke, bücken

Chäller, Keller
chamme, kann man
Chaufhuus, Kaufhaus
Chefi, Käfig, Gefängnis
chenne, kennen
Chille, Kirche
Chind, Kind
chlei, klein
cho, kommen, gekommen
choche, kochen
chömmet, kommt
Chrieg, Krieg
Chugle, Kugeln
chumm, komm
chunnt, kommt
Chünschtler, Künstler

dä, der
Daag, Tag
det, würde
do, da
Doope, Pfoten
dört, dort
dr, der
dra, daran
Dräckseggel, gemeiner Kerl
drfür, dafür
drmit, damit
drno, dann
drucke, drücken
drvo, davon
Dübel, Schwachköpfe

dur, durch
duruf, hinauf
duss, draussen
dütsch, deutsch

ei, ein
ein, einen
eim, einem
eppis, etwas
ere, ihr
ewäg, weg, fort

Fiehrer, Führer
folge, gehorchen
frogt, fragt
Froog, Frage
Fudi, Hintern
am fümfi, um fünf Uhr
furt, fort
furtwärfe, fortwerfen
fuul, faul
Füür, Feuer

gäll, gelt, nicht wahr
gang, geh
gimmer, gib mir
Ginggelegäng, Schmuserei
gli, gleich
gliichzittig, gleichzeitig
glehrt, gelernt
Gluggsi, Schluckauf
gnueg, genug
goh, gehen
göhmer, gehen wir
Götti, Pate
griege, kriegen
Gschiss, Aufhebens, Getue
gschloofe, geschlafen
gseh, gesehen
gsi, gewesen
guet, gut

hälfe, helfen
häll, hell
Haloderi, Spitzbube
hämmer, haben wir
hänke, hängen
hänn, haben
hännen, haben ihn
Härdöpfelchäfer, Kartoffelkäfer
Haue, Hacke
Häx, Hexe
Heizig, Heizung
Hemmli, Hemd
hesch, hast du
hett, hat
hökle, häkeln
hüle, weinen
hütt, heute

ine, hinein, herein
isch, ist
Itrittscharte, Eintrittskarte

jo, joo, ja
Johr, Jahr

kei, kein
Kunst, Ofenbank

Läbe, Leben
Läbere, Leber
letschte, letzten
Loch, Gefängnis
löhn, lassen
loose, hören
losst, lässt
Lueder, Luder
lueg, schau
Lumpeseggel, Dreckskerl
Lüt, Leute

Mätz, Metze
meh, mehr
mol, mal
morn, morgen
mr, wir, mir
müen, müssen
muesch, musst
Muul, Mund

nämme Sie, nehmen Sie
nämmet, nehmt euch
Närve, Nerven
negschte, nächsten
netze, befeuchten
niemer, niemand
nit, nicht
no, noch, dann
nonig, noch nicht
numme, nur
nümmi, nicht mehr
nün, neun
nüt, nichts

obe, oben
obeabe, von oben herunter
ölf, elf
öpper, jemand
öppis, etwas

Priis, Preis
Püpple, Brüstchen

Räbe, Reben
Ranze, Bauch oder Rücken
Rhi, Rhein
Richtig, Richtung
Riehen, Rieche, Vorort von Basel
Romadur, Käsesorte
Russ, Russe

sälle, jener
Samschtig, Samstag
schlägge, schlecken
Schmärze, Schmerzen
Schüttstei, Ausguss
Schwiz, Schweiz
Seggel, Schwanz
seisch ems, sag es ihm
simmer, sind wir
sinn, sind
sitt, seit
sott, sollte

St. Ludwig, St-Louis
strehle, kämmen
suscht, sonst

Trämli, Strassenbahn
tröpfle, tröpfeln

übere, hinüber
uff, auf, nach
uffgläse, aufgelesen
us, aus
usseh, aussehen
ussrotte, ausrotten

Velo, Fahrrad
vergelstern, verängstigen
verschiesse, erschiessen
verschloh, verprügeln

Wält, Welt
wämm, wem
wämmer, wollen wir
wär, wer, wen
Wärt, Wert
in wellere, in welcher
e weng, ein wenig
wer, wäre
Wii, Wein
witt, weit
wohär, woher

zäh, zehn
zämme, zusammen
z'erscht, zuerst
Zitt, Zeit
Zitte, Zeiten
z'obe, abends
zue, zu
zuenem, zu ihm
Züg, Zeug
z'vorderscht, zuvorderst

Hilde Ziegler im Lenos Verlag

Guten Morgen, Goethe Nacht
Beobachtungen aus der Dreiländerecke
111 Seiten, broschiert
ISBN 978 3 85787 698 1
Lenos Pocket 98

»Bei aller Leidenschaftlichkeit offenbaren Zieglers Texte eine Belesenheit und eine Stilsicherheit, die sie zu Bijoux des Genres machen. Davon hätte man gern noch mehr gelesen.«
Neue Mittelland Zeitung

Hilde Ziegler im Lenos Verlag

Ich wusste, wohin die Reise geht
105 Seiten, gebunden, mit Schutzumschlag
ISBN 978 3 85787 339 6

»Eine 40jährige Frau kommt ins ›Schlingern‹, wie sie schreibt, und beobachtet das genau. Sie ist aus dem Paradies gefallen, an das sie so lange fast trotzig glaubte. Sie verarbeitet diesen Verlust, indem sie schreibt. Nicht ein Tagebuch, sondern komponierte Literatur.«
Schweizer Radio DRS